調べる力が
ぐんぐん
身につく

藤田式「調べる学習」指導法

小学校編

藤田利江●著

CD-ROM付

子どもの未来社

はじめに

　調べ学習は、小学校でも中学校でもよく取り組む学習だと思います。国語や社会、理科など様々な教科で「○○について調べましょう」という学習が必ず入っているし、総合的な学習でも修学旅行や体験学習などで調べることは多いことでしょう。
　私は以前、小学校の教師でした。高学年の担任が多かったこともあり、様々な学習で調べる学習を実施しました。でも、その度に子どもたちがどのように調べて、どのような思考を通して調べたことをまとめたのか、わかりにくいことが気になりました。何とかそれを解明したいと思い、一人ひとりの子どもの学習の経緯を調べてまとめてみようと思ったのですが、40名近い人数ではとても時間がかかることや、毎日の授業をすることで精いっぱいで、そういう調査をする時間がないのが現状でした。
　これでよいのだろうかと疑問を感じながら毎日が過ぎていたある日、『情報大航海術』（片岡則夫／著　リブリオ出版）という本に出会いました。厚めの本でしたが、読み始めるとなかなか面白い。見ると、私の勤務している小学校のすぐ近くの高校の先生が執筆されているではありませんか！　すぐ連絡を取り訪問をお願いすると、快諾していただくことができました。それが片岡則夫先生との出会いでした。片岡先生の実践をうかがい、生徒さんの作品をたっぷり見せていただき、私は調べる学習がこんなふうにできたらいいなと思いました。
　その後も片岡先生の実践には遠く及ばず、現在でも試行錯誤していますが、片岡先生の紹介で、神奈川県座間市の市立図書館で「親子で調べる講座」を始めたことがきっかけとなり、現在も「調べる学習にチャレンジ」という講座（以下「チャレンジ講座」）の展開をさせていただいています。この講座はどんどん広がって

いき、現在までに440回を超えました。小学生だけでなく、中学生や教員も対象に実施しています。

　この「チャレンジ講座」は、90分間でテーマを決め、調べたことをまとめることが基本です。その中に調べる学習の進め方、引用の仕方、著作権に関わる事項、まとめ方などを盛り込み、短時間で基本を学ぶことができるようにしました。この学習を体験した多くの先生方から「調べ学習のさせ方がわかった」「教えてもらったカードを活用して次の調べ学習もさせたい」といった声を聞きます。実際にこの方法を活用、発展させて、何度も調べ学習を指導される先生もいます。

　私の蒔いた種は本当に小さなものですが、先生方や子どもたちが楽しく学習する様子を見ていると、この種があちこちに飛んでいき、それぞれの花や実になってくれることがとても楽しみになりました。また、わかりやすい本が欲しいという要望もあり、この本を読んでいただけば、誰にでも調べる学習が実践できるようにしました。先生方はぜひ、授業で試してみてください。授業をされるチャンスのない方は、ご自分で調べる学習に取り組んでみてはいかがでしょうか。「調べてわかる」という学びがいかに楽しいかを実感できることと思います。

　さて、今日も「チャレンジ講座」を担当します。ひとりでも多くの子どもたちに「楽しい！」気持ちを体験してもらいたい……そんな願いをずっと持ち続けたいと思っています。

藤田利江

もくじ★CONTENTS

はじめに……2

1　調べる学習とは？

(1) 「調べ学習」と「調べる学習」……7
(2) 調べる学習の現状……8
(3) 調べる学習のきっかけ……9
(4) 「調べる学習にチャレンジ講座」の展開……11
コラム①…12

2　低学年の調べる学習

(1) 知りたいことをみつける……13
(2) 「そのままカード」に書く……15
(3) 感想を書く……16
(4) 1枚にまとめる……17
(5) 低学年の調べる学習指導案……18
(6) 低学年用調べる学習指導資料（パワーポイント説明用）……24

3　中学年の調べる学習

(1) 「太陽チャート」をつくる……30
(2) 「そのままカード」に書く……31
(3) 感想を書く……32
(4) 1枚にまとめる……33
(5) 中学年の調べる学習指導案……34　　　コラム②…35
(6) 中学年用調べる学習指導資料（パワーポイント説明用）……40　　コラム③…44

4　高学年の調べる学習

(1) 「太陽チャート」をつくる……45
(2) 「そのままカード」に書く……46
(3) 「まとめカード」に書く……46
(4) インタビューをする……47
(5) 感想を書く……48
(6) 1枚にまとめる……49
(7) 高学年の調べる学習指導案……50
(8) 高学年用調べる学習指導資料（パワーポイント説明用）……56

5　調べる学習を進めるための様々な授業

- (1) 分類を理解する……63
- (2) 「問い」をつくる……69
- (3) ベン図にまとめる……75
- (4) まとめ方の練習……78
- (5) 百科事典の活用……81
- (6) データ集の見方……85　　コラム④…85
- (7) 表（マトリックス）にまとめる……89
- (8) 情報リストをつくる……92

6　学校図書館を活用するための環境づくり

- (1) 蔵書数と配分比率……95
- (2) 配架と請求記号……98
- (3) 資料の収集とファイル化……100
- (4) 地域資料の収集と作成……102
- (5) わかりやすいサインや表示……104
- (6) 楽しいしかけや展示、掲示……105

7　学校図書館の活用を推進する支援体制

- (1) 学校図書館の支援活動……108
- (2) 支援組織づくり……109
- (3) 司書教諭や学校司書との協働……110　　コラム⑤…111

8　「調べる学習にチャレンジ」で広がる学校図書館の活用

- (1) 調べる学習にチャレンジ……112
- (2) 教師の反応、感想……112
- (3) 図書館を活用した授業の広がり……114
- (4) 1～4年生向「調べる学習にチャレンジ」でよく使われる本のリスト……120

参考資料

(1)「調べる学習にチャレンジ」、授業での実施校……121
(2)「親子調べる学習にチャレンジ講座」「調べる学習にチャレンジ」実施場所……121
(3) 校内教員向け研修「調べる学習　基本のスキル（調べる学習にチャレンジ）」……122
(4) 教員向け研修「調べる学習　基本のスキル（調べる学習にチャレンジ）」……122

参考文献……123
おわりに……124
CD-ROMの内容……127

●生徒作品●

低学年……22・23　　中学年……38・39　　高学年……54・55

●ワークシート●

低学年	しらべる学習カード…19／そのままカード…20／おもったカード…21
中学年	そのままカード…36／感そう（思ったこと）カード…37
高学年	そのままカード…51／まとめカード…52／感想カード…53
分類	本をさがそう…66／本さがしのプロになろう…68
問い	しりたいことをかんがえよう…71
	たいようチャートに知りたいことを書こう…72・73
ベン図	ベン図…77
まとめ方	しらべたことをまとめよう…80
百科事典	百科事典を使おう…82・83
データ集	年鑑を使おう…88
マトリックス	表にまとめよう…91
情報リスト	情報リストをつくろう…94

ワークシートについて

☆ワークシートをコピーして使用する場合は、Ａ４サイズに拡大してご利用ください。

その際、全学年の「そのままカード」は黄緑色の用紙に、「おもったカード」（低学年）、「感そうカード」（中学年）、「感想カード」（高学年）は黄色の用紙に、高学年の「まとめカード」は水色の用紙に印刷しましょう。

※印刷する色

黄緑色の用紙
「そのままカード」（全学年）

水色の用紙
「まとめカード」（高学年）

黄色の用紙
「おもったカード」（低学年）
「感そうカード」（中学年）
「感想カード」（高学年）

本書付録CD-ROM　使用上の注意点

①必要動作環境：CD-ROMを読み込むことができるパソコンでお使いいただけます。PowerPointデータは、Windows対応（推奨OS:Windows XP以上　PowerPoint2007以上）

②取扱上の注意：ディスクを持つときは、再生盤面に触れないようにし、キズや汚れなどをつけないようにしてください。また、使用後は直接日光が当たる場所など、高温・多湿になる場所を避けて保管してください。

③その他の注意事項：付属CD-ROMを紛失・破損した際のサポートは行っておりません。また、付属CD-ROMを使用することで起きたいかなる損害及び被害につきましても著者及び子どもの未来社は、一切の責任を負いません。

1 調べる学習とは？

(1)「調べ学習」と「調べる学習」

　小・中学校の教育現場では、パソコンや本などを使って調べること(学習)について、「調べ学習」といっています。教育関係の書籍にも「調べ学習では……」といった表現がよくみられます。児童にも「次の時間は調べ学習をします」と伝えていたりします。確かに、何かについて「調べる」という行為が伴う場合、「調べ学習」といった方が、児童にとってはどのような学習をするのかがわかりやすいでしょう。

　ただ、私は「調べる」という行為が特別な学習ではないと思っています。「調べ学習」とわざわざ特定しなくても、調べ学習は「学習」そのものであって、他の学習と何ら変わらないと思いたいのです。なぜかというと、調べる行為は日常茶飯時の学習であって欲しいという願いがあるからです。

　そこで、この本では「図書館を活用して調べる行為」として、以下より「調べる学習」という表記に統一したいと思います。この場合の「図書館」とは、主に学校図書館を指していますが、公共図書館を活用する場合もあるので、学校図書館に限定するものではありません。また、「図書館」は現在、書籍だけでなく、様々なメディアを所蔵する場所です。それゆえ、活用する「図書館資料」は本に限らず、パソコンやタブレットなどICT機器も含まれますし、新聞などの印刷物も「図書館資料」となります。

　ある大学の先生が「大学生がレポートや卒業論文をきちんと作成できないのは、小学校や中学校で調べる学習をさせるからだ」といわれたという話を聞いたことがあります。私は一瞬驚きましたが、この先生は児童・生徒に調べたことを写させているだけ、コピペを許可してしまっている教師の指導方法を非難されていたのです。この非難はもっともなことだと思います。小学校から調べる学習のさせ方、「学び方を学ぶ」指導がしっかりされなければなりません。この本では、「調べる学習」として、第2章からはその指導方法を具体的に紹介していきます。

　また、近頃では「探究的な学習」という言葉もよく目にしますが、小・中学校では計画された時間内でその学習が終結することを目指す場合が多いので、長期間にわたって継続する「探究学習」または「探究的な学習」、「探究型学習」はむずかしい学習方法ではないでしょうか。ただ、学習方法としてそのように提起されていることも多くなってきたので、それについてもここでは「調べる学習」としました。

(2) 調べる学習の現状

①調べる学習のテーマ

　授業で何かについて調べる学習はよく行われていることでしょう。校外学習の下調べとか、修学旅行に関することなど、児童が関心をもって学習する姿を目にします。また、低学年では身近な生き物について調べたり、中学年では季節ごとに周辺の変化について調べる学習を展開したりします。高学年では、日本の産業に関することや歴史上の人物について調べることも多いようです。さらに、総合的な学習の時間を中心に、「福祉」や「環境」、「地域」といったキーワードで体験を交えた調べる学習が行われることもあります。

　最近では、東京都を中心に2020年の東京オリンピックを見据えて、オリンピックについて調べるのはもちろんのこと、パラリンピックや各競技を調べることも行われていますし、海外の国について調べる学習も増えています。

②調べる手段と時間

　小学校、中学校、高等学校と校種によって調べる学習のテーマや内容は異なりますが、多くの授業ではパソコンやタブレットといった教育機器を活用した調べる学習が主流です。そしてなにより「調べる」という学習活動の時間がなかなか確保できないというのが先生方の悩みですし、それを理由に積極的には実施しないという現状もあるようです。

③学校図書館の現状と課題

　学校図書館の整備に関しては、課題が山積しています。まず、本が少ないのです。文部科学省が実施した「学校図書館の現状に関する調査」における学校図書館図書標準の達成状況（平成27年度末）を見ると、全国の公立小学校の場合66.4％、公立中学校の場合55.3％の学校が図書標準を達成しています。10年前の平成17年度では、小学校37.8％、中学校32.4％ですから蔵書は増加していることは事実ですが、100％に達するにはまだまだ時間がかかると思われます。私が見てきた多くの学校でも、図書標準に満たない学校図書館はかなりありました。例え図書標準がクリアされていても、とにかく本が古い。科学の分野でも発行が「昭和」という本が置いてあったり、背表紙が真っ白で題名もわからない、またはそれに近い本がかなりあったりするのです。これで「調べる」という学習が成り立つのかという状況です。

　さらに困ったことに多くの学校図書館では、蔵書の50％以上は9類（文学／絵本も

含む）なのです。50％台なら当たり前で、聞くと70％近い本が9類という学校も少なくありません。所蔵している本が比較的新しい学校でもこのような状況なのです。

　日本ではずっと学校図書館は「図書室」と呼ばれ、「読書をする場」という認識しかありませんでした。ですから、「読書センター」という機能ばかりが重んじられ、児童・生徒が読む本（読書をするための本）を揃えるという考えが横行してきたのです。その結果、現状のように「学習センター」「情報センター」として機能しない学校図書館を構築してしまっているのでしょう。

　そして、一部の先生には「図書室は静かに学習する場所」だと考えられていて、「ちょっとでもおしゃべりするような児童・生徒がいる限り、図書室での学習はさせたくない」という思いがあるようです。

　このような現状ですが、「図書館を使った調べる学習コンクール」（図書館振興財団主催）を実施するようになった地域などを中心に、調べる学習に関心を高める自治体や学校も増えてきています。また、文部科学省から発信された「主体的・対話的で深い学び」に関連して、学校図書館活用教育も注目されてきているようです。

(3) 調べる学習のきっかけ

①教科書だけの学習？

　私は小学校の教員でしたが、担任した学年の約3分の2は5年生、6年生でした。高学年を教えながら、教科書だけでない学習ができないものかと思うようになりました。それにはこんな理由があります。日本の教科書は、どこの学校で教育を受けても同じ学習ができるようになっているすばらしさがあると思います。その教科書を基本として、子どもたちに考えさせる授業、子ども一人ひとりが調べる学習を展開する授業をするにはどうしたらいいだろう……そう考えた時、そこに学校図書館がありました。

　しかし、図書予算が少ない学校では思うように本が購入できません。そこで、図書以外の資料を集めることにも夢中になりました。これが「情報ファイル」（p.92参照）です。主に新聞の切り抜きですが、地域資料などはリーフレットや広報紙も資料になると考え、様々な資料を集めてみました。それを分類、整理して図書と同じように置くようにしましたが、置くだけではなかなか子どもたちには見てもらえないので、学習に合わせて掲示することにも力を注ぎました。

もちろん、授業で活用することが一番です。集めた資料を基に、自分の担任以外の学級でチームティーチングのような授業をしたり、先生に資料の紹介をしたりしました。このような活動で、先生方にも子どもたちも「図書館資料」としての活用が浸透したと思います。

②総合的な学習の開始

　平成12年から「総合的な学習」がスタートしました。学校図書館は総合的な学習を展開するのにはもってこいの場所です。ただ、テーマや取り組む内容があらかじめ決まっていて、例年その決まったテーマでしか取り組めない学校や学年もあり、思うような授業ができないという現状がありました。そこで、私は担当した学年の先生方に提案して自由研究的な学習を実践したこともあります。

　それがどのようなものだったかというと、児童一人ひとりが調べたいこと（テーマ）を決め、それを学校図書館の資料を活用して解決していくものです。10時間程度の実践でしたが、思いのほか熱心に取り組む子どもたちを見て、調べることの面白さを感じました。

③「調之森（しらべのもり）」の活動

　総合的な学習でどのような取り組みができるかなどと考えている頃、「調之森」という自主的な研究をしているグループに誘われました。学校の仕事が終わってからの参加でしたから、会場に着くと19時を過ぎていることが大半でした。どのような調べ学習ができるか、どのように調べ学習を展開したかといった話が面白くて、都会の雑踏の中を一人会場に向かったことがよい思い出となっています。

　この会では毎年、夏休みに「調べ学習にチャレンジ」という講座（図書館の学校、現公益財団法人図書館振興財団主催）に協力し、調之森のメンバーが講座の参加者にアドバイスをするなどという支援をしていました。もちろん自分自身も調べる学習にチャレンジ。この体験が調べることの重要さと面白さをますます意識する結果となりました。

(4)「調べる学習にチャレンジ講座」の展開

①「親子で調べる学習にチャレンジ講座」

　調之森の活動で知り合いも増えるなか、神奈川県座間市の市立図書館から「小学生向けの調べる学習ができないか」という相談を受けました。「はじめに」で紹介した片岡則夫先生が、座間市を中心とした調べの会「あすなろ大学」の指導をされていて、座間市では調べ学習が盛んになっていたのです。座間市立図書館ではそれを小学校の低学年から取り組みたいと考えたようです。小学校の教員で座間市に近い私に……ということでお願いされたのだと思います。そこで、仲間の先生を誘って「親子で調べる学習にチャレンジ」（以下、「チャレンジ講座」）という講座を担当することにしました。

　学校以外の場所で、しかも全く普段の様子がわからない子どもたちに指導をするというプレッシャーがありましたが、仲間の先生のアドバイスも参考にして試行錯誤しながら講座を実践しました。結果は、思った以上に意欲的に取り組んでくれる子どもたちに出会うこととなりました。さらに、保護者の方たちからは「来年も参加したい」といった声もあり、私も次に向けての意欲がわいてきました。

「親子で調べる学習にチャレンジ講座」に参加した親御さんの声の一部

- 「自分で調べて学んでいく」という工程をわかりやすく教えてもらえてよかった。
- 子どもが自分で調べることを学んでいた。
- 子どもの探究心を満たしてくださる講座でした。学年が上がると書ける字が増えたり集中の度合いが増すことがわかり、親としての発見もありました。
- 子どもが自分で考えたり調べたりする機会を持ててよかったです。
- 子どもは「どうして？」と思うことを一生懸命調べていました。
- 子どもを主体にさせたのがよかった。
- 本の調べ方から教えていただけたので、今後利用する時に使えると思いました。
- 子どもが自分で考え調べることがはじめてだったので、とてもいい勉強になりました。
- 子どもが進んで楽しく学習していました。
- 自分で本を使って調べたことがなく、これをきっかけにしてくれたらと思いました。
- 「一つの作品を仕上げる」という明確な目標が決まっていたことがよかった。

　この「チャレンジ講座」は10年以上続いています。親子講座だけでなく、学校で授業として実施したり、教員の研修でも行ったりしていて、平成28年度末には通算440回を超えました。10年の間にはやり方も対象者に合わせて少しずつ変えていますが、基本的な学習の進め方などは変わっていません。

また、「チャレンジ講座」の実践についてまとめたレポート（第8章参照）では、平成27年度の「図書館を使った調べる学習コンクール」（公益財団法人図書館振興財団主催）指導者部門で優秀賞をいただくことができました。このコンクールの最終審査では、全国での入賞者が決まりますが、その中に「チャレンジ講座」に参加した児童の名前をみつけることも多くなり、とても嬉しく思っています。

②学校図書館支援活動の取り組み

　東京都荒川区では平成21年度から学校図書館支援室（以下「支援室」）を設置し、全校の学校司書の活動を円滑に遂行すること、児童・生徒の読書の質と幅を広げること、国語力を向上させる教育を充実すること、学校図書館の活性化を図ることなどを目標として活動しています。

　私はこの支援室開設前から約6年間、荒川区の学校図書館支援活動に関わりました。支援室では、学校図書館に関わる教職員への支援や研修を行い、学校図書館を活用する推進力となるよう心がけました。なかでも力を入れた活動が、先生方と一緒に図書館を活用する授業を構築することでした。図書館を活用した授業案を担任の先生に提示し、一緒に行う授業で図書館資料の活用について説明をしたり、学習の進め方にアドバイスしたりしました。

　最も多く実践したのが「調べる学習にチャレンジ」（以下、チャレンジ）です。このチャレンジは調べる学習をあまり実践していない学級向けの授業で、図書館を活用する理由、記録の取り方などを説明し、1枚の紙にまとめることで学習の簡単な流れをつかむようにさせました。約90分でほぼ全員の児童が作品を仕上げることができるので、どの児童も楽しく学習しながら達成感を味わうことができるようです（第7・8章参照）。

　このチャレンジに関連して、「百科事典の使い方」、「本の分類の仕組み」、「調べたことをまとめる」などの授業（第5章参照）も展開しました。

調べる学習こぼれ話①　「周りが気になるAさん」　

　1年生のAさん、筆箱の中は空っぽ。「疑問は何？」と聞いても一向に決まる気配なし。自分の学習より周りの子からいわれることが気になって学習ができない。そこで、「人数が多いからこっちに移動してくれる？」と、私の席に近くなるような席替えを提案した。「ここの方が広いから」というと納得してくれた。

　移動後は周りを気にすることなく、自分のペースで。ちょっとでもできると「すごい！」と称賛したら、その励まし？で作品は完成。このAさんの学習の感想は「おもしろくなかったけど、ちょっと楽しかった」でした。

2 低学年の調べる学習
まず、知りたいことをみつけることができるようにしましょう

(1) 知りたいことをみつける

　調べる学習は、知りたいことがないことには始まりません。「○○について調べましょう」と授業では持ちかけますが、それが興味や関心があって調べたいことであれば、児童は生き生きと活動することでしょう。しかし、あまり関心がないことであれば「やらされる」学習であり、特に低学年では「しかたなく」やっている児童も多くなります。そこで、調べることの「練習」として自分が知りたいことを調べる学習を提案します。

①興味を引き出す

　知りたいことをみつけたり考えたりすることは、やさしいようですが、意外と知りたいことがないという児童も多いものです。これは日頃の生活態度にも関係するように思います。スマホばかり夢中になっている親世代の大人が多い現代では、こういった余裕があるでしょうか？

　あるお母さんが、普段の何気ない時に空を見上げて「きれいな空ね。何の形に見えるかしら」と、子どもに話しかけたとします。「何の形か」といわれると子どもは「動物の○○」か「電車や車」、「好きな食べもの」など、身近な形を連想してお母さんとの会話を楽しむことでしょう。こういうイメージを膨らませることが、特に小学校の児童には必要ではないかと思います。

　また、1年生を担任した先生が、入学当初からことあるごとに「そう、不思議だね、みんなで調べてみよう」「なるほど、いいことに気づいたね、調べてみたいね」といった発言をくり返し、実際に子どもたちと一緒に度々調べたそうです。すると、そのクラスの子どもたちの中には家庭でも「どうして」「なぜ」という会話が増え、親子で調べたり確かめたりすることが多くなったといいます。こういった日常の環境が子どもたちを育てるのです。教師の問いかけや児童のやる気を引き出す力は絶対です。担任はまず、子どもたちの学習意欲を引き出し、学習する姿勢を育成して欲しいものです。

②はてなをさがそう

　「調べる学習チャレンジ講座」(以下、チャレンジ講座)では、児童に「はてなをさがそう」と呼びかけます。そして、「はてな」とは、「どうしてかな？」「いくつあるかな？」といっ

た疑問（聞きたいこと、質問したいこと）であることを説明します。しかし、いきなり「はてな」だけをいわれた児童は戸惑いますので、例を示します。例えば、「トマトはなぜ赤いの？」「イヌの目はよく見えるの？」「船はどうしてうかぶの？」「一番大きな恐竜は？」といった具合に。「知ってる、それは○○だよ」と答える児童もいますが、「よく知っているね、今日はそれを確かめることも、はてなにしよう」と提案します。いくつかの例を示すと、ほとんどの児童が知りたいことを書くことができます。そして、以下のような「しらべる学習カード」の「しりたいことをかこう」に書くようにさせます。

●しらべる学習カード
（見本➡p.19
白い用紙にコピーしてご利用ください）

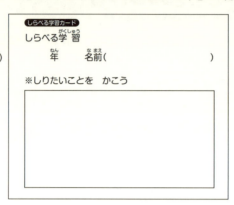

③「はてな」の例

児童の「はてな」（疑問）にはむずかしいものが多いです。例えば「ヒマワリの種はどうしてシマシマなの？」とか「海はどうして青いの？」など、正しく説明しようとするとなかなか答えられないことや、本にもきちんと書いてないことが多いのです。そこで、調べてもわからないことはたくさんあることを知らせ、わからなかったら他の「はてな」に変えてよいと伝えます。児童が考えた「はてな」を一部紹介します。

- パンダはなぜ白黒なの？
- キリンの首はどうして長いの？
- チータはどうして速いの？
- 星はなぜ光るの？
- 宝石はなぜ光るの？
- ダンゴムシはどうして丸くなるの？
- 電車は誰がつくったの？
- ミーアキャットはなぜ立つの？
- ライオンにはなぜたてがみがあるの？
- ウサギの耳はなぜ長いの？
- 花はどうして咲くの？
- クラゲにはどうして骨がないの？
- 信号は緑なのになぜ青というの？
- 虹はどうしてできるの？
- 星はいくつあるの？
- 海はどうして青いの？
- 地球はいつ生まれたの？
- 花は何種類あるの？
- ゴキブリはなぜ速いの？
- 赤ちゃんはいつからおしゃべりするの？
- 漢字はどうやってできたの？
- 恐竜はなぜ絶滅したの？
- シマウマはなぜシマシマなの？
- 陸と海の境はどこ？
- パトカーはどうして白黒なの？
- 空はどうして広いの？
- 猫はどうしてひっかくの？
- 自動販売機はどうやって飲みものが出るの？

- 木からつくるのに、紙はどうして白いの？
- リュウオウノツカイはどこにいるの？
- 恐竜は何を食べていたの？
- カブトムシとクワガタムシはどっちが強いの？
- ペンギンは北極に住んでいるの？

　低学年では「なぜ」「どうして」という「はてな」が多い傾向がみられます。しかし、このような疑問に答える情報が少なく、解決がむずかしいことが多いのです。そこで「なぜ」や「どうして」ではない「はてな」を考えるよう促すこともあります。

(2)「そのままカード」に書く

①「そのままカード」

　「はてな」がみつかったら、本を探して答えを探します。その時、「そのままカード」に答えを書くようにさせます。

●そのままカード
(見本➡p.20
黄緑色の用紙にコピーしてご利用ください)

②自分で答えをみつける

　答えをみつけるには適切な本が必要ですが、低学年の児童にはなかなかみつけることができないことも多いのです。そこで、学校司書に「低学年に適応しそうな本」を取り出しておいてもらったり、あらかじめ一人ひとりが出した「はてな」を調べておき、それに対応する答えが記載してある本があるかを確認したりしておくとよいでしょう。答えが見当たらない場合は、違う「はてな」を考えるように促し、自分でみつけることができるという体験を味わわせたいものです。

　そのままカードの「しらべたこと」には、答えに当たる部分を本に書いてあるとおりに書くようにさせます。中学年にもいえますが、自分が知りたいこと（課題）に対する答えがなかなかみつからない児童は多いのです。物語とは違って知識を得る文章は、特に低学年の児童にとってはむずかしい文なのかもしれません。図鑑は好きでよく見ているようですが、写真や図、絵を見て楽しんでいる場合が多く、その文章をしっかり読んでいないことが多いのです。

③適切な資料の準備を

　そこで低学年の場合は、比較的文の少ない資料や、写真・図・絵を多用して理解を促している本をはじめから選んでおくようにするとよいでしょう。特に１年生では、児童が調べたいことをあらかじめつかんでおき、一人ひとりに対応する箇所に附箋をつけるなどの配慮をすることも効果的です。まずは教科書ではない資料をしっかり読むことができる力をつけることです。読むことに慣れてくれば、読むスピードも速くなるし、多少長い文章も読みこなすことができます。はじめの一歩として、様々な本を読みこなす力をつけさせましょう。

④答えの選択

　２年生では、課題に対する答えの正確さも求めたいものです。一見しっかり書いていても、余分なことまで書いてしまう子も多いのです。例えば、「何色か」という課題であれば、色が答えになっていればよく、それ以外のことを書く必要はありません。このように、低学年から必要な文章を選び、必要でないことは捨てるという、資料の取り出し方を身につけさせましょう。

(3) 感想を書く

①「おもったカード」

　資料をしっかり読み、「そのままカード」を書くことができたら、「おもったカード」に感想を書きます。感想は簡単に書くことができそうですが、児童によっては何を書いたらよいかわからないという場合もあります。そこで、事前に感想に書く内容を示すとよいでしょう。

●おもったカード
(見本➡p.21　黄色の用紙にコピーしてご利用ください)

おもったカード

「おもったカード」に書くことの例
● わかってよかったこと
● 初めて知ったこと
● 友だちに教えてあげたいと思うこと
● もっと知りたいと思うこと

②「おもったカード」に書くこと

　感想の書き方として「初めて知ったことは……」と書くようにすると、迷わずに感想が書けます。感想は1枚書かせます。児童によっては2枚、3枚も書きたいという場合もありますが、その時は本人に任せて書かせてもよいでしょう。基本は1枚書くことができれば十分です。

(4) 1枚にまとめる

①1枚に仕上げる

　知りたいことと、「そのままカード」が書けたら、1枚の画用紙にカードを自由に貼って仕上げとします。画用紙は八つ切り（画用紙全判を8つにしたサイズ：271mm × 382mm）の白色がよいでしょう。書く際に自分の好きな色が使えるように、色つきよりも白色が適切です。また、大きさは八つ切りだと全員がすんなり仕上げることができます。初めから大きな紙を使うと、なかなか仕上げられない児童には負担となります。画用紙が小さい場合は、つけ足して大きくすればよいでしょう。

②知りたいこと（テーマ）を大きく書く

　知りたいことは大きく書くようにさせると、完成度が高まりますし、児童の調べたことがはっきりします。低学年の児童は、文字を大きく書くことが不慣れなのでなかなか上手には書けないのですが、慣れるとマジックでいきなり書くこともできるようになります。初めは鉛筆で文字の下書きをさせたり、どのくらいの大きさで書けばよいか、薄く丸などを書いてアドバイスしたりしてもよいでしょう。

③絵や図を入れる

　テーマを書いてカードを貼ったら、空いているスペースには絵や図を自由に描かせます。これが低学年の児童には楽しい活動となっています。ライオンが上手に描けないなど、動物や虫の描き方に悩む児童もいますが、写真ではなく簡単な絵の見本を見せると、その悩みも解消するようです。楽しいお絵かきも、低学年には大切な学びの時間となっているのです。

(5) 低学年の調べる学習指導案

◆1、2年学習活動案（2時間扱い）
1　学年組　　　　立　　　小学校　　年　　組
2　日時　　　　年　　月　　日（　）　　校時
3　場所　　　学校図書館
4　活動名　　「チャレンジしらべる学しゅう」
5　本時の目標
　　・自分が調べてみたいことを考えさせる。
　　・調べる学習の進め方について知らせ、調べたことを1枚の紙にまとめさせる。
6　本時の展開

学習活動と内容	担任の支援	・司書教諭の支援 〇学校司書の支援 （☆は準備）
①今までの学習を振り返る。	・生きものを観察したり飼育したりしたことを思い出させる。 ・生きものについて調べたことを思い出させる。	☆カード各種 ☆パワーポイント作成 ☆必要な図書資料 〇カードを配布しておく
②学習の目当てを知る。	知りたいことについて本をつかってしらべてみよう。	
③どのように学習を進めるかを知る。	・図書館資料を使った学習をすることを知らせる。	・どんなふうに学習するかをパワーポイントで説明する。
④図書資料を探し、わかったことを書く。	・調べたいことに関連した資料を探すようにさせる。 ・わかったことを「そのままカード」に書かせる。	・本がみつからない児童にアドバイスする。 〇本がみつからない児童に対応する。
⑤「そのままカード」を見て、思ったことを書く。	・本で調べてみて、思ったことを「思ったカード」に書かせる。 ・困惑している児童の支援をする ・答えが見つからない場合は、ひとつのことにこだわらないようにさせる。 ・文字色や大きさも工夫させる。	・不足している情報を、必要な場合は提示する。 ・作業の途中で、時間を意識させる。
⑥カードを貼り、絵や写真も入れてまとめる。	・絵や写真も入れるようにさせる。	・まとめる時間などを目安として知らせる。

＠評価～・調べたいことを考えることができたか。
　　　　・調べ学習の進め方を理解することができたか。

しらべる学習カード

しらべる学習(がくしゅう)

年(ねん)　　　名前(なまえ)(　　　　　　　　　　)

※しりたいことを　かこう

```
┌─────────────────────────────────────┐
│                                     │
│                                     │
│                                     │
│                                     │
│                                     │
└─────────────────────────────────────┘
```

しらべる学習カード

しらべる学習(がくしゅう)

年(ねん)　　　名前(なまえ)(　　　　　　　　　　)

※しりたいことを　かこう

```
┌─────────────────────────────────────┐
│                                     │
│                                     │
│                                     │
│                                     │
│                                     │
└─────────────────────────────────────┘
```

そのままカード

しらべたこと	
本	

そのままカード

しらべたこと	
本	

そのままカード

しらべたこと	
本	

おもったカード

おもったカード

おもったカード

低学年の作品例①

2年　大森陽菜(ひな)さん　「かんごしはかんごのほかに何をしているの？」

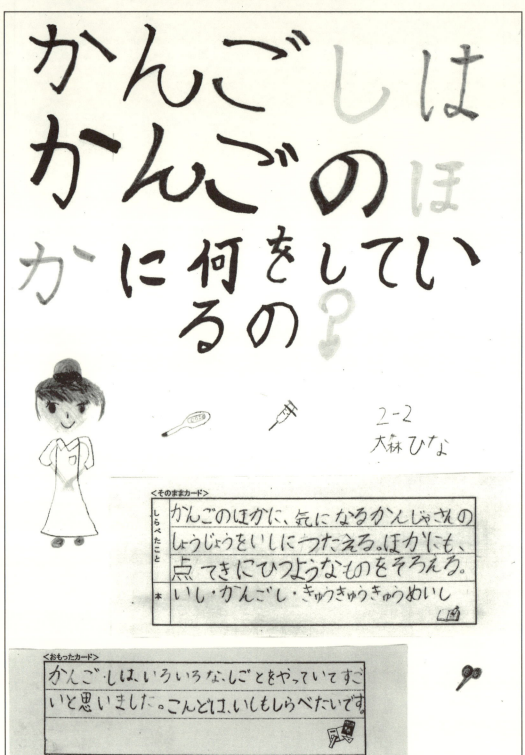

かんごしはかんごのほかに何をしているの？

2-2
大森ひな

<そのままカード>
しらべたこと	かんごのほかに、気になるかんじゃさんのしょうじょうをいしにつたえる。ほかにも、点てきにひつようなものをそろえる。
本	いし・かんごし・きゅうきゅうきゅうめいし

<おもったカード>
かんごしは、いろいろなしごとをやっていてすごいと思いました。こんどは、いしもしらべたいです。

22

低学年の作品例②

2年　古田莉加(りか)さん　「東きょうスカイツリーはいつできた？」

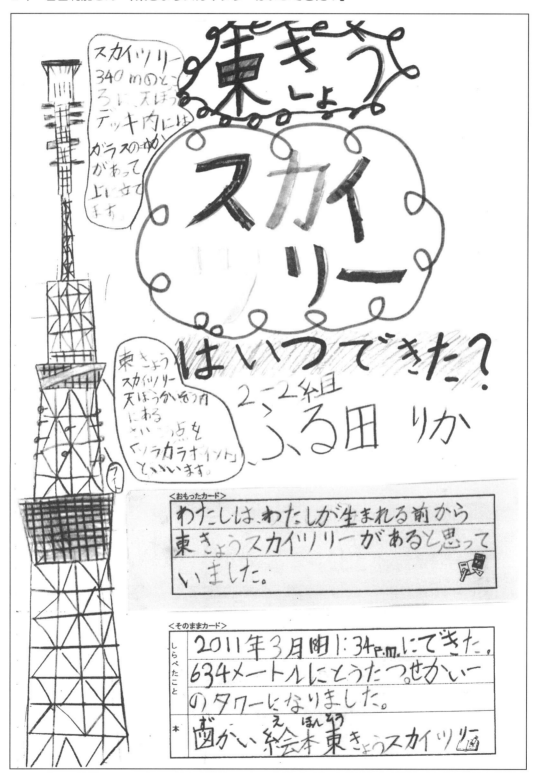

(6) 低学年用調べる学習指導資料

(パワーポイント説明用)

準備　画用紙、「しらべる学習カード」、「そのままカード」、「おもったカード」は事前に1枚ずつ配布しておく。「しらべる学習カード」は白色、「そのままカード」は黄緑色、「おもったカード」は黄色など色を変えて印刷しておく。各カードは1枚ずつ切り離す。画用紙は八つ切りの大きさで白色がよい。

★付録のパワーポイントを表示しながら、説明する。Click でクリックするとよい。

①

① Click みなさん、何か知りたいなと思ったことがあることでしょう。今日は、不思議だなとか知りたいなと思ったことをどうやって調べたらよいかという学習をしましょう。2（または3、4、5）時間目の終わりまでに、今、目の前にある白い画用紙に自分の作品を仕上げることが目標です。わからないことがあったら悩んでいないで先生に聞いてください。

②

② Click まず「はてな」を探しましょう。
Click 「はてな」を探すとは、なぜかな？と思うことや、いくつあるか知りたいとか、自分が知っていることは本当なのかを確かめようとすることです。

③
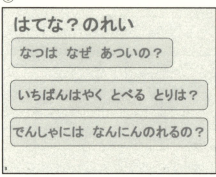

③ Click 例えば、……答えはいわなくていいですよ。
Click 「夏はなぜ暑いの？」とか
Click 「一番速く飛べる鳥は？」とか
Click 「電車には何人乗れるの？」のような質問です。

④

⑤

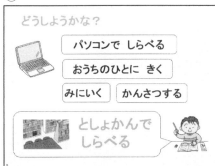

⑥

④ 🖱 太郎さんは「かえるは何を食べるのか」を知りたくなりました。

🖱 太郎さん、虫を食べるのかなあと思っていますが、調べることにしました。

⑤ 🖱 ところが太郎さん、何を使って調べたらよいかわかりません。皆さんだったらどうしますか？

→（本を見る。図鑑、事典、パソコン。自分で考える）

そうですね。本やパソコンで調べますね。今日は自分で考えるのは「なし」とします。

🖱 その他におうちの人に聞いたり、見に行ったり、観察したりしても調べられます。

でも、今すぐカエルを見に行けるかな？

→（行けない！）

そうですね。そこで今日は

🖱 図書館の本で調べることにしましょう。

⑥ 🖱 太郎さんは図書館に向かいました。この日はお休みだったので、太郎さんの学校の図書館ではなくて、家の近くにある公共図書館に行きました。太郎さんがあまり行ったことがない図書館です。

🖱 どんな本で調べたらいいかな？

🖱 どこに調べたい本があるのかな？

…太郎さん、よくわからなくて困ってしまいました。皆さんも本が探せなくて困ったことはありませんか？　そういう時はどうしますか？

→（先生に聞く。○○先生（学校司書）に聞く）

そうですね。学校だと先生に聞くことができますね。

でも、太郎さんは学校ではない図書館に行ったんです。誰に聞けばよいですか？

→（図書館の人。お店の人。店員さん）

そうそう、店員さんのような係の人がいますね。

🖱 図書館では「司書さん」といいます。

⑦

⑦ 🖱 太郎さん、早速司書さんに聞いてみました。そして、本をみつけました。この本でどうですか？
→（いいよ！）

🖱 そうしたら司書さんから「太郎さん、はじめに目次を見てね」といわれました。
目次って見たことがありますか？
どこにありますか？

→（本の初めの方。表紙の次。本の最後）
　そうですね。本の初めにありますね。（実物を見せる）
　でも、最後の方で見たことはありませんか？
→（ある！）

🖱 最後の方にあるのは「さくいん」といいます。目次とよく似ていますが、いい方(かた)が違います。まず目次を見て、わからなかったら索引も見るようにしましょう。本によっては目次も索引もない本があります。その時は初めから見るようにしましょう。

⑧

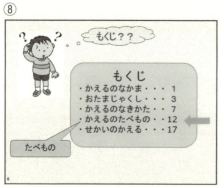

⑧ 🖱 太郎さん、目次を見ました。どうですか？
どこを見たらよいでしょうか？
→（かえるのたべもの。12ページ）

🖱 そうですね。12ページを開いてみましょう。

⑨

⑨ 🖱 あ、わかったみたいですね。なんて書いてあったのでしょうか？

🖱 さあ、皆さんで読んでみましょう。
　→（かえるは、こんちゅうやみみずをたべるが、うごくものしかたべない）
なるほど。だから太郎さんはわかったといったんですね。

⑩

⑩ 🖱 太郎さんのことから、まとめかたを知りましょう。カードを使ってまとめます。

⑪

⑪ 🖱 まず、はてなを書きます。はてなは知りたいことで、「テーマ」になります。
太郎さんの知りたいこと、テーマは「かえるはなにをたべるの」でした。白い小さな紙（しらべる学習カード）にテーマを書きます。この時、誰かに質問するように書きましょう。

⑫

⑫ 🖱 次は「そのままカード」です。「そのままカード」は何色ですか？
→（緑。黄緑）

🖱 そうですね。黄緑色のカードが「そのままカード」です。このカードには本に書いてあったことをそのまま書きます。自分で勝手に書いてあることを変えてはいけません。それから見た本の名前も書きましょう。わからない時は先生に聞いてください。

🖱 本の名前も書きましょう。

⑬

```
③おもったカード
   わかった！   はじめてしった
                              もっと
                              しらべたい
  かえるは、みみずを たべる
  ことを はじめて しりました。
  こんどは おたまじゃくしの
  たべものを しらべたいです。
```

⑬ 🖱 もう1枚の黄色のカードは何カードですか？
→（「おもったカード」）
そうですね。思ったことを書きます。

🖱 思ったことというのは、「答えがわかった！」ということや「初めて知ったな。今まで知らなかったよ」とか、「もっと調べてみたいな」ということを書くといいです。

3つ書かなくても大丈夫です。このどれか1つを書けばいいです。

🖱 太郎さんは「かえるは、みみずをたべることをはじめてしりました。こんどはおたまじゃくしのたべものをしらべたいです。」と書きました。

⑭

```
  まとめかたの       え も
   れい           いれましょう。

        テーマ

    そのまま        おもった
    カード          カード

              がくねん くみ なまえ
```

⑭ 🖱 そしていよいよ画用紙にまとめます。
まず、画用紙にテーマと学年、組、名前を直に書きましょう。テーマは大きく書くようにしましょう。

🖱 そして、「そのままカード」と
🖱 「おもったカード」を貼って、
🖱 絵を描くとできあがりです。

⑮

```
     でも
  かえるは どのくらい
  ジャンプするか？

   かいてない！！

   はてな？を かえよう！
```

⑮ 🖱 太郎さんは「かえるはどのくらいジャンプするの？」も調べようとしたのですが、

🖱 どの本を見ても書いてありませんでした。皆さんの疑問について書いてないことはたくさんあります。本にも書いてないし、インターネットでもわからないということはたくさんあるんです。わからないのにずっと調べていると時間が足りません。

🖱 今日は疑問を変えてわかることを調べてください。時間がたっぷりある時に、わからなかったことを調べてくださいね。

⑯
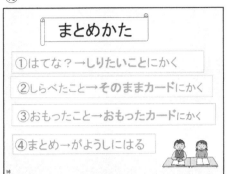

⑯ まとめかたの復習です。知りたいことを書いて、「そのままカード」、「おもったカード」を書きます。そして、画用紙に貼ります。
では、実際にお友だちがつくった作品を紹介します。（適切な作品を紹介する）

⑰
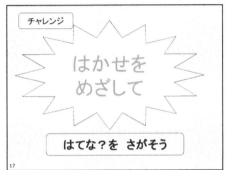

⑰ さて、皆さんは何博士になるのでしょうか？ 博士を目指してがんばりましょう。

⑱

⑱ はてながなかなかみつからない人のためのヒントです。

動物や虫などを考えるといいです。
動物といってもたくさんいるので、ネコとかパンダとか、ひとつの動物を決めましょう。

3 中学年の調べる学習
的確な答えをみつけ出すことができるようにしましょう

(1)「太陽チャート」をつくる

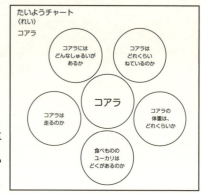

①具体的な疑問をみつける

　中学年でもまず、調べたいことを探します。低学年は疑問（はてな）を一つにしましたが、中学年ではいくつかの疑問を出すようにします。その時に活用するのが「太陽チャート」です。「太陽チャート」は真ん中にテーマを書き、その周りの円に疑問を書きます。周りには必ず、疑問形で書くようにさせます。この方が、より疑問が具体化し、調べる内容がはっきりします。例えば、調べたいこととして「種類」とした場合、「何種類あるか」を知りたいのか、「どんな種類があるか」を知りたいのかがわかりにくいです。自分が知りたいこと、調べたいことを明確にするためには、質問の形（疑問形）の方がよいでしょう。（「太陽チャート」については、第5章 p.72-73を参照）

②疑問を考えるヒント

　調べたいことをさっと決める児童もいますが、長い間ずっと悩んでしまう児童もいますから、「動物」「魚」「虫」「星」「宇宙」「天気」「花」「くだもの」「乗りもの」など、簡単な項目を示します。かなり広い範囲のテーマとなって、かえって調べにくいこともあるので、「動物」の中の何かを決めるように促します。「犬」「猫」をはじめ、「ウサギ」「キリン」「コアラ」など、特定の動物を挙げるようにさせています。
　また、「虫」をテーマにした場合、「○○虫は何を食べているか」「○○虫は何種類あるか」といった具合に疑問形で書き込みますが、なかなか疑問が浮かばない児童もいますから、次のように5W1Hを示すのもよいでしょう。

●5W1Hカード

いつ	どこ	だれ

なに	なぜ	どのように

このカードを示すと、疑問も出しやすいことを紹介します。「○○はいくつ（何種類）あるか」「○○は何を食べているか」「誰が○○をつくったのか」などと当てはめて考えることができます。このようにして、p.72の例のような「太陽チャート」を作成します。

(2)「そのままカード」に書く

①活用する資料

「太陽チャート」に疑問を書くことができたら、答えを探します。中学年になると、総合百科事典（ポプラディアなど）も活用できるようです。合わせて百科事典の使い方（第5章p.81参照）を指導するとよいでしょう。3年生と4年生では読む速さが違うし、書いてあることを理解するレベルも違ってきますが、概ね図鑑以外の本もしっかり読むようになります。適切な本をきちんと読ませることで、疑問を解決するようにさせます。こうした自分の知りたいことへの読み取りをさせることが、学習意欲を高めることにつながるのです。

②的確な答えは何か

「そのままカード」へ記入することは低学年と変わりませんが、カードの罫線を狭くして仕上げるときに貼りやすい大きさに変更しました。また、使った本についても、題名をしっかり見て、習っていない漢字だとしても、そのまま書くようにさせます。

●そのままカード
（見本➡ p.36 黄緑色の用紙にコピーしてご利用ください）

ここで注意したいことは、「疑問（知りたいこと）に対する答えが的確か」ということです。しっかり読めていないと、何でも書いてしまい、関係のないことまで入ってしまうことがあります。答えの部分だけを書いていることが重要で、それを選ぶ能力が必要となってきます。そのためには、教科書だけでなく、様々な本や文章を日頃から読む習慣をつけたいものです。また、このような学習を通して、文章の理解力を高めることも今後の学習には必要となってきます。

③引用と出典

中学年でもわかったこととして、疑問に対する答えをそのまま書くようにさせます。本に書いてある通りに書きますが、引用を意識させて必ず「　　」（括弧）をつけて書くようにさせます。

例：「サクラはバラ科で、ヤマザクラ、リンゴ、ナシ、バラなどがあります。」
　　「タンポポのわた毛は、がくがへんかしたものです。」
　　　　（『写真でわかる花と実』子どもの未来社より）

「本」の欄には、書名を書かせます。出版社やページ数までも書かせたいところですが、3年生の初期は2年生からちょっとだけ成長した時期。それを考えて、最低限の記載としました。4年生ではいくつか項目を増やすなど、学年に応じた記載をするようにさせてもよいでしょう。指導者によっては、3年生でも書名、著者名、出版社、発行年などを詳細に記載することもありますが、文献をしっかり示す習慣を身につけることが重要なので、それがわかれば、児童の能力に応じた書き方でよいでしょう。私は、どの子にも極力負担なく記入できるレベルでよいと思っていますから、最低限の記載にとどめています。

(3) 感想を書く

①感想の内容

　低学年でも示した通り、「感想を書きましょう」といっても何を書いていいか戸惑う児童はいます。国語で扱うような物語文とは異なる文章に対する感想を、子どもたちは書き慣れていないのです。そこで、感想に書く内容を中学年でも示したほうがよいでしょう。どのように示すかは低学年を参考にしてください（p.16参照）。

②感想の書き方

　感想は「感そうカード」に書かせます。低学年でも示した通り、「初めて知ったことは……」といった書き出しで、初めて知ったことをそのまま書くことでも悪くはありませんが、その書き方に慣れてきた中学年では、もう一工夫させたいものです。

　例えば、「……を初めて知り、予想とかなり違っていたことに驚きました。特にびっくりしたころは……です。」などと、低学年にプラスした表現ができるようにしたいものです。

●感そう（思ったこと）カード
（見本➡p.37　黄色の用紙にコピーしてご利用ください）

感そう（思ったこと）カード

(4) 1枚にまとめる

①テーマの書き方

　低学年と同様に1枚の画用紙にまとめます。まず、テーマを大きく書くようにアドバイスします。そのことで、児童が何を調べたかがはっきりします。と同時に、他の児童に調べたことを一目で伝えることができます。これは「自分の主張を明確にする」という学習態度にもつながると考えています。今までの指導では、目に見える表現のアドバイスが少なかったのではないかと思います。児童は、思い切り文字を大きく書くことに対して、はじめはやや抵抗があるものの、一度体験すると文字の大きさにも気をつかうようになります。

　また、テーマは「知りたいこと」「疑問に思ったこと」「調べたいこと」など、そのままを書いてもいいし、「調べた結果」をズバッとテーマにしてもいいとアドバイスしています。作品の例を示すことで、大半の児童が迷わずテーマを決めるようになります。

②「そのままカード」を貼る

　テーマを大きく書いたところで、「そのままカード」を貼ります。1枚でよいのですが、早く書いたり、調べたことが長い文章になったりして、2枚以上のカードに書いた場合は、それを全部貼ります。

　テーマには合っていない「そのままカード」も、中学年では貼ってよいことにします。児童の中には「関係ないから貼りたくない」という児童もいます。その場合は、画用紙の裏に貼るようにさせます。これは、児童がどのような学習をしたのかを把握するためです。

③できあがるまで

　さらに「感そうカード」を1枚貼ります。「そのままカード」と同じように、2枚以上の「感そうカード」を書く児童もいますので、書いた枚数を貼ることになります。

　カードを貼った後、残ったスペースに関連する絵や図を描いて完了です。絵を描くスペースを考えながらカードを貼る児童も多くいます。中学年ではこのように自分の学習に見通しをもつことが1、2年時の経験から身につくようです。

　学年と組、名前を表に明記し、裏には「太陽チャート」を貼ってできあがりです。

(5) 中学年の調べる学習指導案

◆3、4年　学習指導案（2時間扱い）

1　学年組　　　　立　　小学校　年　組
2　日時　　　年　月　日（　）　校時
3　場所　　学校図書館
4　活動名　「チャレンジしらべる学習」
5　本時の目標
　・自分の調べてみたいことについて、図書資料を使って調べさせる。
　・調べる学習の進め方を知らせ、調べたことを1枚の紙にまとめさせる。
6　本時の展開

学習活動と内容	担任の支援	支援教員　○学校司書 （●は準備）
①今までの学習を振り返る。	・生きものを観察したり飼育したりしたことを思い出させる。 ・生きものについて調べたことを思い出させる。	●カード各種 ●パワーポイント作成 ●必要な図書資料 ○カードを配布しておく。
②学習の目当てを知る。	知りたいことについて本をつかってしらべてみよう。	
③どのように学習を進めるかを知る。		・どのように学習するかをパワーポイントで説明する。 ・教科に関連させながら考えさせる。
④「太陽カード」（小）に知りたいことを書く。	・なかなか書けない児童には、今までの学習を想起させるアドバイスをする。	
⑤図書資料を探し、わかったことを「そのままカード」に書く。	・知りたいことに関連した資料を探すようにさせる。 ・答がみつからない場合は、他の疑問を考えるようにさせる。	○本がみつからない児童に対応する。
⑥「そのままカード」を見て、思ったことを書く。	・「そのままカード」に書いたことで思ったことを書かせる。 ・わかったことに共感しながら、感想を引き出すようにする。	・作業の途中で、時間を意識させる。
⑦カードを貼り、絵や図を入れてまとめる。	・文字色や大きさも工夫させる。 ・絵も入れるようにさせる	・まとめる時間などを目安として知らせる。
⑧作成した作品を見合う。	・他の人の作品を見て、気づいたことを発表させる。	

@評価～
　・図書資料を使って適切な答えを探すことができたか。
　・調べる学習の進め方を理解し、進んで取り組むことができたか。

調べる学習こぼれ話 ②　文字が苦手なBさん　Column コラム

　4年生のBさんは、後から遅れてやってきた。担任は席の指示はしたものの、ほとんど関与せず。学習に取り組む様子がなかったので、さりげなく聞いてみると乗りものに関心を示してくれた。そこで、わかりやすい本を示しテーマを書くようにいったが、書こうとしない。担任から「書くことが苦手です」といわれたので、「先生が一緒に書いてあげてください」とお願いした。

　担任の支援があって、テーマとそのままカードは完成。思ったことを聞くと「○○みたい」というので、その言葉を褒め「書いてみよう」と促した。すると、ゆっくりだがしっかり書くことができた。普段はほとんど仕上げられないBさん。担任がBさんの作品に感動する様子を見て、Bさんは大満足だったようだ。

そのままカード

知りたいこと	
しらべたこと	
本	

そのままカード

知りたいこと	
しらべたこと	
本	

感そう（思ったこと）カード

感そう（思ったこと）カード

中学年の作品例①
4年　野原麻礼(まあや)さん
「チョウには育ち方に
　ちがいがあった!?」

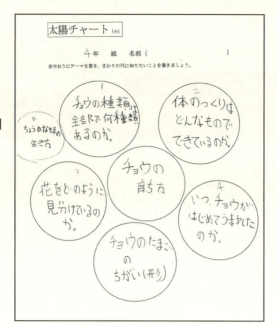

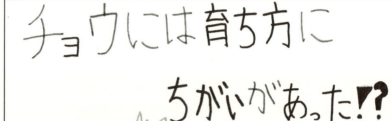

中学年の作品例②

4年　竹田理乃さん
「ツメは一日に
　どれくらいのびる」

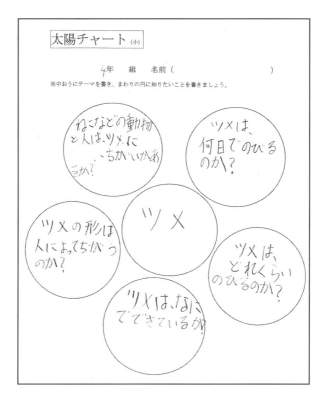

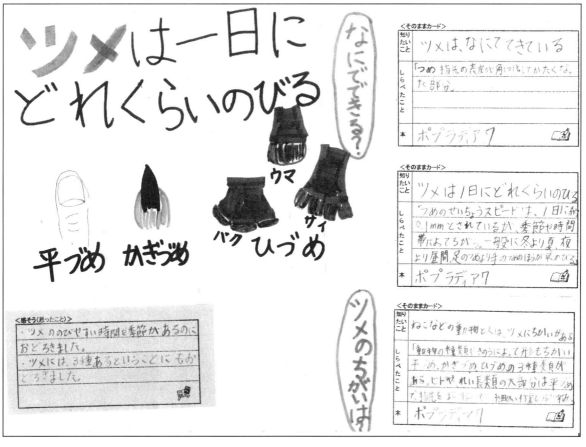

(6) 中学年用調べる学習指導資料

(パワーポイント説明用)

準備 画用紙、「太陽チャート」、「そのままカード」、「感そうカード」は事前に1枚ずつ配布しておく。(4年生は「そのままカード」2枚が望ましい)
「そのままカード」は黄緑色、「感そうカード」は黄色など色を変えて印刷しておく。各カードは1枚ずつ切り離す。画用紙は八つ切りの大きさで白色がよい。
★付録のパワーポイントを表示しながら、説明する。_{Click}でクリックするとよい。

①

① _{Click} みなさんは今までに何かについて調べたことがあると思います。今日は、調べる学習をどのようにしたらいいかという学習をしましょう。
2(または4、6)時間目の終わりまでに、今、目の前にある白い画用紙に自分の作品を仕上げることが目標です。

②
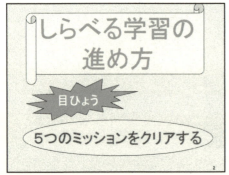

② _{Click} 皆さんは3年生(4年生)なので、
_{Click} 今日は5つのミッションを用意しました。これをクリアするようにしましょう。

③

③ _{Click} ミッションの1つ目は、不思議を発見することです。これは、知りたいことを探すことと同じです。
_{Click} 不思議とは「どうしてかな」とか「いくつあるのかな」、「どこにいるのかな」というようなことです。「誰がつくったか」「何を食べるか」「どのくらいの大きさか」などいろいろと考えられますね。「自分が知っていることは本当なのか」を調べるのもいいです。

40

④

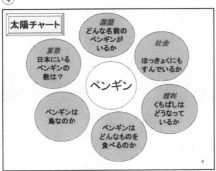

④ 🖱 例えば、「ペンギン」について考えてみましょう。ペンギンのことで不思議だと思うことや知りたいことはありませんか？
→（すぐ思いついた疑問を発表させる）
そういう疑問でいいです。どんなことでも疑問になりますよ。

🖱 そもそもペンギンは鳥なのでしょうか。また、魚を食べると思いますが、その他にはどんなものを食べるのでしょうか？

🖱 他にも「国語や算数で勉強するとしたらどんな疑問があるかな」と考えるといいです。理科だったら「ペンギンの嘴は？」「耳は？」などといくつも疑問が出てきそうですね。太陽チャートにこのように書き込みます。今はまだ書きませんよ。

⑤

⑤ 🖱 さて、「太陽チャート」に知りたいこと、疑問を書いたとしましょう。そうしたら、その疑問を解決する方法を考えます。知りたいことを調べるにはどうしたらいいですか？ 何を使って調べますか？
→（児童の考えを発表させる）
そうですね。本やパソコンで調べますね。

🖱 その他に人に聞いたり、見に行ったり、実験したりするのも調べる方法の一つです。

🖱 今日はすぐ見に行ったりすることができませんから、図書館の本で調べることにします。

⑥

⑥ 🖱 調べたいことに関係のありそうな本をみつけて、読んでいたら答えがみつかりました。そうしたら「そのままカード」に書きます。「そのままカード」は黄緑色です。

🖱 まず、知りたいことを書きます。これはテーマと同じです。

🖱 それからその答えを書きます。その時、カギ「　」（括弧）をつけて書きます。これは大事な括弧で、何かを見て書いた時は括弧をつけて書くという約束です。本に書いてあったこと、インターネットのウェブ上に書いてあったことなどには、必ず括弧をつけます。そして勝手に文章を変えないようにします。書いてある通りに書きましょう。

⑦

はじめのぎ問には書いてないけれど‥
知りたいこと
なぜ泳ぎがじょうずなのか
そのままカード
「泳ぐときは体が流線型（りゅうせんけい）になるので、水のていこうをうけにくい。」
本　書名：ペンギン図鑑（荒川出版社）

⑦ 🖱Click 「太陽チャート」には書かなかったことですが、本を読んでいたらちょっと気になる課題をみつけました。

🖱Click 「ペンギンはなぜ泳ぎが上手なのか？」ということです。
さて、皆さんはどう思いますか？
→（児童の考えを発表させる）

🖱Click それは、「泳ぐときは体が流線形になるので、水の抵抗を受けにくい」からだそうです。ペンギンは泳ぐとき、すっとした体で泳ぐんですね。

🖱Click このように、今日は最初の疑問でなくても書いていいことにします。そして、見た本の名前（題名といいます）も書きましょう。

⑧

ペンギンはなぜたまごをうむの？
わからないこと
↓
知りたいこと（ぎ問）をかえよう

⑧ 🖱Click 残念ですが、本に書いてないこともたくさんあります。「ペンギンはなぜ卵を産むの？」については、学校の本ではわかりません。本やインターネットのウェブ上の情報でもわからないことはたくさんあります。特に「なぜ？」「どうして？」という皆さんの質問はわからないことも多いので、「なぜ」「どうして」だけでなく、その他の疑問も考えましょう。

🖱Click 今日は時間が限られているので、わからないと思ったら

🖱Click 違う課題で調べましょう。

⑨

M4：テーマをきめよう
ペンギンについて　　ペンギン
文で表す　⇩　　⇩
日本にはどんなペンギンがいるの？
むかし、ペンギンは鳥だった

⑨ 🖱Click 次にテーマを決めます。既に決まっていると思うでしょうが、

🖱Click 今日は短いテーマではなく、

🖱Click このように（パワーポイントの画面）長いテーマにします。テーマが決まらないという人は、自分の疑問をそのままテーマにしていいです。

⑩

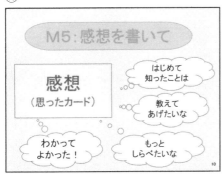

⑩ 🖱 続いて感想を書きます。

🖱 感想には

🖱 このようなこと(パワーポイントの画面)を書きます。「わかってよかった」と思ったことや「みんなに教えたいな」と思ったこと、「今まで知らなかったけれど、今日初めて知った」ということ、また、「もっと調べてみたいな」ということなどを書きます。4つ全てを書く必要はありません。この中のいくつか(もちろん1つでもいいです)を書けば感想になります。

⑪

⑪ 🖱 いよいよカードを用紙に貼ります。

🖱 長いテーマと学年、組、名前はマジックなどで直接書きます。

🖱 そして、「そのままカード」と

🖱 黄色の「感そうカード」を貼ります。絵や図も入れましょう。「太陽チャート」は画用紙の裏に貼ってください。

⑫

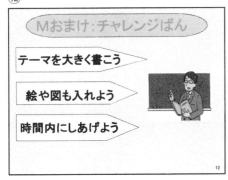

⑫ 🖱 おまけのミッションです。

🖱 ひとつ目は「テーマを大きく書きましょう」です。

小さな文字では何を調べたかのアピールが足りません。大きく書いて「こういうことを調べました」とみんなに知らせましょう。

🖱 必ず絵や図も入れてください。絵や図は自分で書いてください。

🖱 そして大切なことは、「時間内に仕上げる」ことです。

ここでお友だちがつくった作品を紹介します(適切な作品を紹介する)

⑬

⑬ 🖱 作品の完成を目指して、続きに取り組みましょう。

⑭

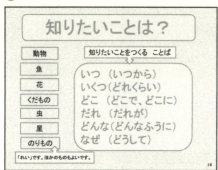

⑭ 🖱 知りたいことがみつからない人は、
🖱 これをヒントにしてください。（パワーポイントの画面）「リンゴはいつから食べるようになったか」「キリンの種類はどれくらいあるか」とか、「お金はどこでつくられるか」など、この言葉を使うと、疑問につながります。

調べる学習こぼれ話③　「ひとつひとつ聞きにくるＣさん」

　３年生のＣさん。「これには何を書くのですか？」に始まって、ひとつひとつ確認に来る。こういう児童は必ずいる。つい「今、いいました。聞いてないのですか！」といいたくなるパターンだが、私は担任ではないので、普段のＣさんの様子はわからない。そこで、「Ｃさんは心配性なのだ」と思い、質問にはしっかり応えるようにした。それで作品を仕上げることができるのなら、目標は達成となる。そのことが重要だと考えた。

　そんな私をＣさんはすっかり覚えてくれたようで、後日学校にうかがうと真っ先に声をかけてきてくれた。自分の担任時代を思い出し、「子どもたちにもっと優しく接していれば……」と反省。

4 高学年の調べる学習

自分でまとめる学習がしっかりできるようにしましょう

(1)「太陽チャート」をつくる

①ある程度のテーマを示す

　高学年では10テーマほどを示し、そのテーマについて疑問を書くようにします。その10テーマはあまり普段の学習では扱わない、しかし児童の身近にあって疑問が出しやすいテーマを選びました。つまり、児童がよく知っているけれど、教科書には出てこないようなテーマを設定するのです。以下は、テーマの例です。

> ・アリ　・お金　・コアラ　・サクラ（桜）　・塩
> ・月　　・時計　・トマト　・花　　　　　　・文字

②テーマの選択

　10テーマのうち自分が好きなテーマを選んでもらいますが、席が隣同士だったりするとどうしても隣の児童に影響されて同じような疑問を出すことも多いので、こちらからテーマを指定することもあります。選ぶのに時間がかからず、時間短縮にはなりますが、なかには与えられたテーマだとやる気をなくす児童もいるので要注意です。こちらから指定する場合は、「今回は練習、どんなテーマでもやりかたは同じ」ことを強調して進めると、すんなりいくことが多いです。児童のやる気をそがずにテーマを決めるのが良策です。

③アドバイスを工夫

　疑問については、低・中学年より高学年の方が考え込んでしまってなかなか書けないことが多いようです。例えば「エサは何か」「どこにいるか」のような簡単な疑問でよいことを伝えても、児童によってはこだわりがあって、なかなか納得できないのです。さらに、ヒントとなる疑問のアドバイスにしても、児童によっては受け入れてもらえないことがあります。普段の児童の様子や性格を考慮して、アドバイスの仕方を工夫するとよいでしょう。（「太陽チャート」については、第5章のp.72-73を参照）

(2)「そのままカード」に書く

①「そのままカード」の大きさ

　「太陽チャート」に疑問を書くことができたら、次は答えを探します。疑問に対する答えは、中学年と同じように「そのままカード」に書きます。高学年のカードは中学年より小さめにしました。もっと大きなカードの方が書きやすいし、たくさん書けるのではないかと思われるかもしれませんが、あえて小さいカードにしてあります。その理由は、こういった学習にどちらかというと消極的な児童にも、無理なく取り組んで欲しいからです。初めから「これだけ書くように」といわんばかりの大きなカードでは、やる気のない児童はますますやる気が失せてしまうのではないでしょうか？「これだけ書けば十分」というカードなら、何とか取り組めるような気持ちになるのではないかと思うのです。逆に「もっと書きたい」「書ききれない」という児童には、「続きを2枚目、3枚目に書いていいよ」といえば、書くことに意欲的になることもあります。

②出典の書き方

　しかし、疑問に対する答えの部分をしっかり取り出すことが重要ですから、何でも写せばいいということではありませんし、たくさん書いているからといってよい学習ができているということでもありません。児童が適切な学習をしているか見極めることが大切です。また、「出典」には書名や出版社名も記入するように伝えます。

●そのままカード　（疑問＝課題）
（見本➡p.51　黄緑色の用紙にコピーしてご利用ください）

課題	
調べたこと	
出典	出版社

(3)「まとめカード」に書く

①「まとめカード」にまとめる

　低学年、中学年では「そのままカード」に書く活動をしましたが、高学年では書いた「そのままカード」を見て、まとめる活動が加わります。いわゆる要約です。中学年でも要約をさせたいところですが、4年生前半までは国語科で要約の学習がされていないことが多いので、あえて入れていません。ただ、児童の実態に応じて要約を取り入れてもよいでしょう。

②まとめ方（要約の仕方）

さて、ここでの要約は一番シンプルなやり方を紹介します。p.78の例のように引用文を書いた「そのままカード」を見て、大事だと思う部分に線を引き、それをまとめていく方法と、箇条書きにする方法です。線を引いた部分を見て、まとめられるようなら2～3枚を1枚にします。箇条書きも同様にして、2～3枚の「そのままカード」を1枚にまとめていくのです。

「そのままカード」は引用となるので、「　　」をつけるようにさせますが、「まとめカード」は自分で理解したことをまとめて書くので、「　　」をつける必要はありません。その違いを意識させるには、2枚のカードの色を変えるとわかりやすいでしょう。

●まとめカード
(見本➡ p.52
水色の用紙にコピーしてご利用ください)

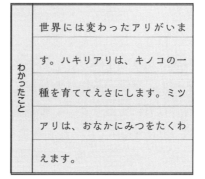

●まとめカードの例

そのままカード	（疑問＝課題）
課題	アリの食事（仮）
調べたこと	「ハキリアリは、葉を巣に運び、キノコの一種を育て、えさにする。」 「ミツアリは、おなかにみつをたくわえ、仲間に分けあたえる。」
出典	出版社

➡

まとめカード	
わかったこと	世界には変わったアリがいます。ハキリアリは、キノコの一種を育ててえさにします。ミツアリは、おなかにみつをたくわえます。

(4) インタビューをする

> **インタビューすること**
> ●何について調べていますか？
> ●どんなことがわかりましたか？
> ●もっと調べたいことは何ですか？

①インタビューの内容

ほとんどの児童が何枚かのカードを書くことができた時点で、「インタビュータイム」を設定します。この時間は、2人か3人のグループでお互いにその時点までの学習を紹介し合う時間です。インタビューすることは次の3つに決めます。質問は決まっているので、必ず答えるようにさせます。「わからない」とか「別にない」といった答えはタブー。しっかり質問に答えるようにさせます。

②インタビューのあと

　お互いのインタビューが終わったら、少し待たせてもよいでしょう。グループの人数が均一なら、終わる時間に大差はありません。このときの答えが、次の感想につながります。

(5) 感想を書く

①感想カード

　低学年や中学年と同様に感想を書きます。「感想カード」も他学年よりは小ぶりにしました。感想も必要なことを書けばよく、だらだらと「そのままカード」を丸写しするような感想は避けたいものです。そういうことも配慮して、小さめのカードにしました。これ以上書きたい児童は2枚目に書くようにします。

②感想＋意見

　高学年では、感想にできるだけ自分で考えたことも書かせたいものです。簡単でもいいのですが、自分なりの考えや意見をできるだけ引き出してあげましょう。といっても短時間での取り組みですから、引用や要約で精いっぱいの児童にはなかなかむずかしいかもしれません。普段から様々な情報に触れさせ、しっかり読む活動や自分の考えを発表する活動を習慣化することで、考察が上手にできることと思われます。ただ、調べる学習をさせるだけでなく、普段の学習を計画的かつ丁寧に行うことが学習力を育てます。

　全学年同じですが、90分間（2時限）で作品を仕上げることを目標としているので、調べ方の手順や方法、カードの違いを理解させることを主としています。それを第一目標にして、児童の能力を引き出す指導や支援を行いましょう。

●感想カード　（疑問＝課題）

(見本➡p.53
黄色の用紙にコピーしてご利用ください)

感想カード

思ったこと

(6) 1枚にまとめる

①カードの貼り方

　3種類のカードの記入ができたら、1枚の画用紙にまとめます。この時の貼り方に注意が必要です。表に貼るカードは「まとめカード」と「感想カード」です。「そのままカード」は裏に貼るようにさせます。カードの色を別にしておくので、間違えることはほとんどありません。内容がテーマと違っているカードでも、書いたカードは全て貼らせます。

②テーマの書き方

　テーマ（課題、調べたこと）は、大きく書かせます。どの学年でも同じことがいえますが、特に高学年はこちらからいわないと小さな文字で書くことが多く、何を主張したいのかわかりにくいこともあります。テーマは、自分の主張を目立つように書かせましょう。

③評価の仕方

　この3種類のカードが全て貼付されていることで、指導者は児童一人ひとりの学習の過程を把握することができます。まず、「そのままカード」では疑問に対する答えを探して的確に取り出すことができているか。次に「まとめカード」では「そのままカード」に書いたことをしっかり要約できたか（自分なりのまとめができているか）。最後に「感想カード」からは、調べる学習で学んだことや、次の学習への意欲などを知ることができます。この3つの観点で、かなり客観的な評価ができるでしょう。

　今までこういった調べる学習は、ともすると作品の仕上がり具合で評価されがちではなかったでしょうか？　また、作品やレポートを見て、たくさん書かれているものや丁寧に書かれているものなどを高く評価してしまうことがあります。しかし、児童のその作品に至るまでの経緯が重要であって、学習の過程や調べてわかったことなどに対する考えを評価すべきだと思うのです。たった1枚の作品ですが、児童の取り組みの様子を確実に知ることができると思います。

(7) 高学年の調べる学習指導案

◆ 5、6年学習活動案（2時間扱い）

1　学年組　　　　立　　小学校　　年　　組
2　日　時　　　年　月　日（　）　　校時
3　場　所　　学校図書館
4　学習のテーマ　「チャレンジ調べる学習」
5　本時の目標
　・調べたことについてそのままカードやまとめカードに適切な内容を書かせる。
　・調べる学習の進め方を知らせ、調べたことを1枚の紙にまとめさせる。
6　本時の展開

学習活動と内容	支援内容 ◇評価	・学校司書の支援　○学校司書 （☆は準備するもの）
①今日の学習の目当てを知る。	・調べる学習の方法を知り、実際に調べてまとめる学習をすることを伝える。	☆パワーポイント ☆カード各種 ☆図書資料、コピー ○カードを配布しておく。
	調べる学習の進め方を知り、調べ学習にチャレンジしよう	
②調べる学習の方法を知る ・「太陽チャート」 ・「そのままカード」 ・「まとめカード」	・話をきちんと聞かせる。 ・カードの色が違うことを補足する。 ◇話をしっかり聞き、学習の進め方が理解できたか。	・学習の進め方についてパワーポイントで説明する。 ・引用や疑問形の書き方を理解させる。 ・書き写すこととまとめることの違いを具体例で説明する
③次の中から、自分が調べたいテーマを決め、調べたいことを考える。 ・お金・カメ・アリ ・セミ・太陽・時計 ・トマト・花火・パンダ・サクラ	・テーマが偏らないよう、どのテーマにも取り組む児童がいるようにする。 ・「太陽チャート」に調べたいことを書かせる。 ・資料は見ないで、テーマについて知りたいことや調べてみたいことを出させる。 ◇疑問をみつけることができたか。	・今回のテーマは練習であることを伝える。 ・疑問がなかなか書けない児童には具体例を示す。

④「そのままカード」を書く。	・疑問の答えになる記述を探させる。 ・見つけた部分を書き写すようにさせる ◇疑問に対して、適切な答を見い出すことができたか。	・引用文であるので、「」をつけるようにさせる。 ・資料名（出典）も書かせる。 ○本がみつからない児童の支援をする。
⑤インタビューゲームをする。 ・質問したり、質問に答えたりする。	・２〜３人グループを指示する。 ・特に進め方の遅いグループの支援をする。 ◇インタビューゲームに積極的に参加していたか。	・インタビューゲームの説明をする。 ・曖昧な答え方はしないようにさせる。
⑥「まとめカード」、「感想カード」を書く。	・調べたことをまとめて書くようにさせる。 ◇まとめた表現をすることができたか。	・感想は調べたことに関する感想を書くようにさせる。
⑦１枚の紙にまとめる。	・文字の大きさや色の工夫をさせる。 ◇時間内にまとめられたか。	
⑧簡単な発表をする。	・代表児童かグループ内で簡単な発表をさせる。	

＠評価〜・引用と要約の違いを理解し、適切な表現ができたか。
　　　　・調べる学習の進め方を理解し、意欲的に取り組むことができたか。

そのままカード　　　　　（疑問＝課題）

課題	
調べたこと	
出典	出版社

まとめカード

わかったこと

まとめカード

わかったこと

感想カード

思ったこと

感想カード

思ったこと

高学年の作品例①

5年 二俣(ふたまた)悠太さん
「時刻の基準はイギリスだった」

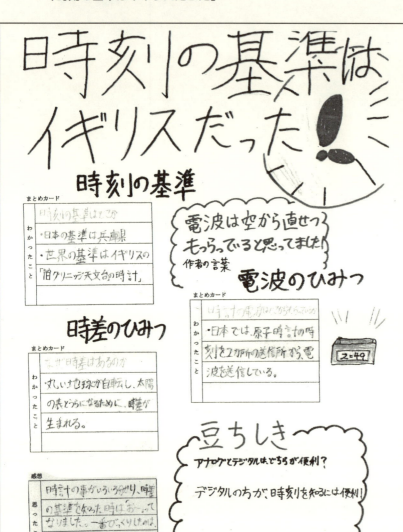
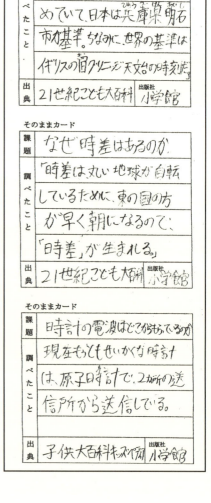

高学年の作品例②　5年　森田開（はるき）さん　「トビの生活におどろいた！」

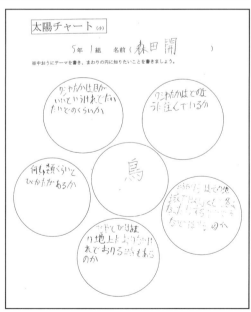

「調べる学習にチャレンジ講座」に参加した森田さんは、上図と同じテーマで再チャレンジ。右下の「トビの生活におどろいた！＋ノスリ」は、第19回「図書館を使った調べる学習コンクール」調べる学習部門小学生の部（高学年）（主催：公益財団法人図書館振興財団）で文部科学大臣賞に輝いた作品の表紙です。

(8) 高学年用調べる学習指導資料

(パワーポイント説明用)

準備：画用紙、「そのままカード」、「まとめカード」、「感想のカード」は事前に配布しておく。「そのままカード」は黄緑色、「まとめカード」は水色、「感想カード」は黄色など色を変えて印刷しておく。各カードは縦半分に切り、1／2を1人分とする。画用紙は八つ切りの大きさで白色がよい。

★付録のパワーポイントを表示しながら、説明する。 Click でクリックするとよい。

①

① Click 今日は自分が知りたいことを調べる時、どのようにして調べるか、練習をしながらできるようにしましょう。

皆さんのテーブルには、白い画用紙があると思います。その画用紙に2（または4、6）時間目終了までに自分の作品を仕上げることが目標です。

②

② Click 調べる学習には進め方があります。
Click 今日は、7つのミッションを用意しました。
Click このミッションをクリアすれば、調べる学習ができるようになります。

③

③ Click ミッションの1つ目は、不思議を発見することです。これは、知りたいことを探すことであり、何かについて疑問に思うことです。

Click 不思議とは「なぜだろう」とか「どんな仕組みになっているのか」、「何種類あるのか」といったことです。「誰がつくったか」「どこにあるか」「何を食べるか」などいろいろと考えるとありますね。「自分が知っていることは本当なのか」を不思議としてもいいです。

④

④ 例えば、「雷」について考えてみましょう。雷のことで不思議だと思うことや知りたいことはありませんか？
→（すぐ思いついた疑問を発表させる）
そういう疑問でいいです。どんなことでも疑問になりますよ。

雷は「ゴロゴロとなるのはなぜか」というのも不思議です。「雷の正体って一体何？」と思う人もいることでしょう。

なかなか疑問がみつからない人は、国語や社会などいろいろな科目でどんな勉強をするかを考えてみましょう。

算数だったら「1年間にどれくらい雷が発生するか」などと考えられますね。

それを「太陽チャート」に書きます。ただ、今はまだ書きません。

⑤

⑤ さて、「太陽チャート」に知りたいこと、疑問を書いたとしましょう。そうしたら、その疑問を解決する方法を考えます。知りたいことを調べるにはどうしたらいいですか？ 何を使って調べますか？
→（児童の考えを発表させる）
そうですね。本やパソコンで調べますね。

その他に人に聞いたり、観察したり、実験したりするのも調べる方法のひとつです。

今日はすぐ観察したりすることができませんから、図書館の本で調べることにします。

⑥

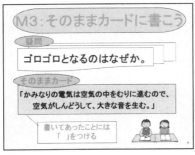

⑥ 調べたいことに関係のありそうな本をみつけて、読んでいたら答えがみつかりました。そうしたら「そのままカード」に書きます。そのままカードは黄緑色です。

まず、疑問を書きます。これは課題と同じです。

それからその答えを書きます。その時、カギ「 」（括弧）をつけて書きます。これは大事な括弧で、何かを見て書いた時は括弧をつけて書くという約束があります。本に書いてあったこと、インターネットのウェブ上に書いてあったことなどには、必ず括弧をつけます。そして勝手に文章を変えないようにします。書いてある通りに書きましょう。これを「引用」といいます。

⑦

⑦ 🖱 本を読んでいたら、「太陽チャート」には書かなかったことですが、ちょっと気になる課題をみつけました。

🖱 「雷が多い季節はいつか？」です。さて、皆さんはいつだと思いますか？

🖱 予想してみましょう。夏だと思う人、秋だと思う人、冬だと思う人（それぞれに挙手）。本にはこのように書いてあります。

🖱 「太平洋側は夏に多いが、日本海側は冬に多い」と。意外だった人が多かったようですね。なぜ日本海側は冬に多いかというと、

🖱 「雷は海のあたたかさによって発生するから」だそうです。さらに調べたくなった人は休みの日などに調べてみてください。

今日はこのように「太陽チャート」に書いてなかったことで、気になることがあったら書いてもいいです。

⑧ ⑧ 🖱 残念ですが、本に書いてないこともたくさんあります。「雷は1年間にどれくらい発生するか」については、気象庁に問い合わせればわかるかもしれませんが、学校の本ではわかりません。本やウェブ上の情報でもわからないことはたくさんあります。

🖱 今日は時間が限られているので、わからないと思ったら違う課題で調べましょう。

⑨ ⑨ 🖱 「そのままカード」には調べた本のタイトルを書いておきます。

🖱 これは「出典」といいます。

🖱 このように出版社も書くようにしましょう。

⑩

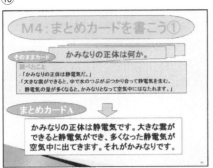

⑩ 🖱Click 小さな「そのままカード」が3枚書けたら、「まとめカード」を書きます。「そのままカード」が2枚でも「まとめカード」を書くことができます。

🖱Click 書き方は、

🖱Click 例えば、「そのままカード」にこのように（パワーポイントの画面）書いたとします。

🖱Click 「まとめカード」はこのように（パワーポイントの画面）なります。どこが違いますか？

→（「まとめカード」の方が文が短い。「まとめカード」はまとめて書いている。など）

そうです。「まとめカード」は「そのままカード」を要約します。要約というのは、大事なことをまとめることです。ここでは、雷の正体と、どうやって雷になるのかが大事なことですから、水色のカードのように、「雷の正体は静電気である」ことと「大きな雲ができると静電気が発生し、その量が多くなると雷になる」ことがまとめといえるでしょう。このように自分で「そのままカード」に書いてある内容をまとめるので、括弧はつけません。黄緑色の「そのままカード」と、水色の「まとめカード」はこういう違いがあります。しっかり自分でまとめて書くようにしましょう。

⑪

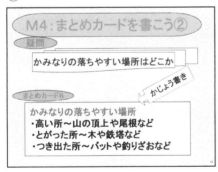

⑪ 🖱Click 「まとめカード」の書き方ではこういう書き方もあります。

🖱Click 「雷が落ちすい場所はどこか」という課題に

🖱Click このように書きました。（パワーポイントの画面）

こういう書き方を何書きといいますか？

→（箇条書き？）

🖱Click そうですね！　箇条書きといいますね。こういう書き方をするとまとめやすいです。

⑫

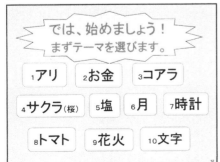

⑫ 🖱Click では始めましょう。皆さんに「どんなテーマでもいいです」といいたいところですが、今日は練習なので、

🖱Click この10個のテーマで調べてみてください。

→〈テーマは児童に選ばせてもよいが、時間がかかることが多い。ランダムにテーマを指示して始めても学習への支障はあまりない〉

⑬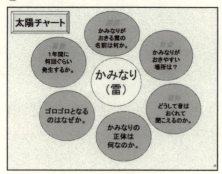

⑬ 🖱Click 最初に「太陽チャート」を書きます。
書き方はこのようにテーマの周りに疑問を質問するように書いていきます。「音」「正体」のように単語だけを書かないようにしましょう。「音」だけだと「雷の音はどんな音か」を知りたいのか、「雷はどうしてゴロゴロとなるのか」を知りたいのか、「雷の音は光ってから何秒くらいで聞こえるのか」を知りたいのかがわかりません。疑問はなるべく具体的に書きます。

⑭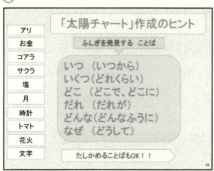

⑭ 🖱Click 疑問がみつからない人にはこのヒントで考えてください。（パワーポイントの画面）「アリの種類はどれくらいあるか」とか「サクラはいつから咲くか」、「お金はどこでつくられるか」など、この言葉を使うと、疑問につながります。
→〈「太陽チャート」が書けたら調べてまとめさせるが、あらかじめ関連する本のコピーを1枚用意しておくとよい。そのコピーをまず読んで、それでもわからないことは他の本で調べさせる。こうするとコピーをしっかり読むので、疑問の解決に導きやすい〉

⑮

⑮〈2時間目に入る頃（時間は児童の様子で調節）、遅くても1時間目で「そのままカード」は書くようにする〉

🖱Click ではここで一休み。筆記用具はおいてください。

🖱Click これから「インタビュータイム」に入ります。質問することが決まっていますから、とても簡単です。ただし、質問されたことには必ず答えてください。「知りません」とか「別にありません」というのはタブーです。
では、ペア（または3人組、指示する）になって始めましょう。

⑯
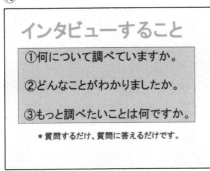

⑯ 🖱 質問することはこれです。
（パワーポイントの画面）

⑰
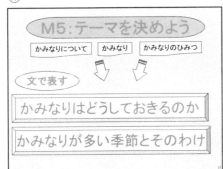

⑰〈全員が終わったら〉
🖱 次にテーマを決めます。既に決まっていると思うでしょうが、
🖱 今日は短いテーマではなく
🖱 このように（パワーポイントの画面）長いテーマにします。テーマが決まらないという人は、自分の疑問をそのままテーマにしていいです。

⑱

⑱ 🖱 続いて感想を書きます。
🖱 感想には
🖱 このようなこと（パワーポイントの画面）を書きます。
　4つ全て書く必要はありません。この中のいくつか（もちろん1つでもいいです）を書けば感想になります。

⑲

⑲ 🖱 いよいよカードを用紙に貼ります。
🖱 長いテーマと学年、組、名前はマジックなどで直接書きます。
🖱 表に貼るのは水色の「まとめカード」と
🖱 黄色の「感想カード」だけです。黄緑色の「そのままカード」は画用紙の裏に貼ってください。

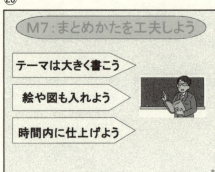

⑳ 🕐 最後のミッションは「まとめ方を工夫しよう」です。

🕐 そのひとつは「テーマを大きく書きましょう」です。小さな文字では何を調べたかのアピールが足りません。大きく書いて「こういうことを調べました」とみんなに知らせましょう。

🕐 必ず絵も入れてください。コピーしたり、切り抜いたりするのは禁止です。

🕐 そして大切な「時間内に仕上げる」です。まだ「まとめカード」を書いていない人は急ぎましょう。

友だちの作品を紹介します（適切な作品を紹介する）

㉑ 🕐 作品の完成を目指して、続きに取り組みましょう。

5 調べる学習を進めるための様々な授業

調べる学習を展開するための様々なスキルを身につけましょう

(1) 分類を理解する

①日本十進分類法

　図書館を活用するには日本十進分類法（以下NDC）を理解していると便利です。なぜなら、本がどのように分けられているかを知っていると、本が探しやすいからです。小学校ではまず、本が分けられて配架されていることを教えます。分類について教科書にも記載されているので、学年に応じた分類の仕組みや内容を指導しましょう。

　日本の多くの公共図書館や大学図書館では、本は「NDC」で分類されています。児童生徒が生涯にわたり図書館を活用できるようにするためには、学校図書館でもこの仕組みを教える必要があります。

　NDCは下記のように分かれていますが、基本的には0〜9類を左回りに配架します。サイン（表示）をつけ、どの書架に何類の本が入っているかわかるようにします。

②小学校での分類の表記例

図書館の本のわけ方	0	総記	いろいろな本
	1	哲学	心の本
	2	歴史	むかしのことが書いてある本
	(280)	伝記	ゆうめいな人の話
	3	社会科学	社会の本
	4	自然科学	理科や算数の本
	(470)	植物	花の本
	(480)	動物	虫や魚や鳥など、どうぶつの本
	5	工業	かんきょう、りょうりの本
	6	産業	米など、のうぎょうの本　そだてかたの本
	7	芸術	音楽や図工　体育の本
	8	言語	ことばの本
	9	文学	絵本やむかし話など　詩の本

　NDCは小学校の低学年にはむずかしい言葉で表現されています。そこで、左図のようなかみ砕いた言葉で説明するとよいでしょう。

まめちしき
☆本の分けかたの数字は「100」（いち　れい　れい）または（いち　ゼロゼロ）と読みます。
☆「100」は、百のくらいの数字「1」だけを見て、「1るい」の本といいます。

例：NDC 小学校向き適用表

　小学校の図書館に必要と思われる NDC を例としてあげてみました。小学校の場合は公共図書館で使われている一般的な NDC の言葉では児童にはわかりにくいことと思います。そこで、多くの学校図書館で使われている NDC を参考に、小学生にわかりやすい言葉で表してみました。これは例ですので、各校の実態に応じた NDC とその用語で配架してください。

類 （第1次区分）	綱 （第2次区分）	目（第3次区分）					
0		002	学習法	007	情報	010	図書館、読書
		030	百科事典	050	年鑑	070	新聞、マスコミ
1		140	心理（心）	150	道徳	160	宗教
2		209	世界史	210	日本史	289	伝記
3		310	政治	320	法律、憲法	330	経済
		366	仕事	369	福祉、ボランティア	370	教育、学校
		386	年中行事、郷土芸能	388	民話		
4	41	410	算数				
	44	440	宇宙	444	太陽	445	星、星座
		446	月	448	地球		
	45	451	天気	453	地震、火山	458	岩石、鉱物
	47	471	植物				
	48	484	貝、カタツムリ、タコ、イカ			485	エビ、カニ
		486	昆虫	487	魚、ヘビ、カメ	488	鳥
		489	動物（哺乳類）				
	49	490	体	499	薬		
5		507	工作	509	工業	519	環境
		537	自動車	538	飛行機、ロケット	546	電車
		547	インターネット	550	船	579	バイオテクノロジー
		594	手芸	596	料理	597	住まい
6		610	農業	625	くだもの	626	野菜
		645	ペットの飼育	650	林業	660	水産業、漁業
		670	商業	680	交通、運輸	690	通信、放送
7	72	720	絵画	726	まんが	728	書道
		740	写真	760	音楽	770	伝統芸能、演劇
	78	780	スポーツ、体育	781	体操	782	陸上競技
		783	球技	785	水泳	787	釣り
	79	788	相撲、レスリング			790	レクリエーション、遊び
8		810	日本語	813	辞典	830	英語
9		908	文学全集	911	詩、俳句、和歌	913	日本の物語
		914	随筆	916	ノンフィクション	923	中国の物語
		933	英米の物語	943	ドイツの物語		
		953	フランスの物語	963	スペインの物語	973	イタリアの物語
		983	ロシアの物語	993	その他の外国の物語		

（参考：『学校図書館のための図書の分類法』芦谷清【著】全国学校図書館協議会）

③分類指導の例

分類の仕組みを伝え、実際に本を探す3年生の例です。(4年生で実施してもよい)

◆3年生　学習活動案

1　学年組　　　　　立　　　小学校　年　組
2　日時　　　年　月　日（　）　校時
3　場所　　学校図書館
4　単元名　本の分類
5　本時の目標
・日本十進分類法のしくみについて知り、請求記号や本の並びかたを理解するとともに、自分で本を探せるようにする。
6　本時の展開

学習活動と内容	担任の支援	・司書教諭の支援 （☆は準備）
①今日の学習の目当てを知る。	・本の分類についての学習であることを知らせる。	☆「まかせて学校図書館」(ROM) ☆十進分類表　☆ワークシート
②日本十進分類法について知る。	・しっかり話を聞くようにさせる。	・「まかせて図書館」を見ながら十進分類について説明する。 ・分類されている内容と本の並びかたを説明する。
③図書館の書架を見ながら実際の並びかたを確かめる。	・児童と一緒に書架の場所を確認する。	・0〜9類について場所を確認させる。
④ラベルについて知る。	・ラベルには、どのような情報があるのか把握させる。	・請求記号について説明する。（分類記号、図書記号、巻冊記号） ・分類記号は「よん、はち、ろく」などと読ませる。
⑤ワーク①を行い、全体で確認する。	・ワークシートを配布する。 ・ワークシートの表について簡単に触れる。 ・全体で答えを確かめる。	・分類記号が2桁、3桁にこだわらず、左の数字に着目させる。
⑥分類記号に合った本を探す。ワーク②	・ワークの質問について確かめる。 ・遅れがちな児童など、個別の対応にあたる。	・探すことに手間取っている児童の支援をする。 ・分類記号の2桁、3桁は、どちらでもよいとする。
⑦わかったことや気づいたことを発表する。	・わかったことなどを発表させる。	

@評価〜　・日本十進分類法の仕組みが理解できたか。
　　　　　・進んで本を探していたか。
☆「まかせて学校図書館」（スズキ教育ソフト株式会社刊）。ここでは小学校高学年第1巻を使用。
　図書館の使い方や本の扱い方を指導する提示教材で、パワーポイントになっている。

(1)の③：ワークシート　　　　　　　　　　　　　　　　（資料…図書館ワーク）

本をさがそう

年　　組　名前（　　　　　　　　　　　）

1 次の本は、何類のたなにありますか。

本の内容	たなの記号（何類か）
きょうりゅうの本	
ケーキの作り方について書かれた本	
ヘレン・ケラーの伝記	

2 次の分類記号のついている本を、本だなから１さつえらんで、ラベルと書名（本の題名）を書きましょう。

913	210	486	933	726

④本探しのプロになろう（3年生で実施してもよい）

◆4年生　学習活動案

1　学年組と日時　　年　　組　　年　　月　　日（　）校時
2　場　所　学校図書館
3　単元名　本さがしのプロになろう（オリエンテーションを含む）
4　本時の目標
　・図書館の使い方を復習し、本の借り方、返し方を知る。
　・日本十進分類法について確認し、複数の分類から本を探すことができるようにする。
5　本時の展開

学習活動と内容	担任の支援	・司書教諭の支援 ○学校司書の支援 （☆は準備）
①今日の学習の目当てについて知る。	・本時は図書館の約束といろいろな分類の本を探す学習であることを知らせる。	☆「図書館のやくそく」 ☆十進分類表 ☆プリント「本のわけかた」 ☆ワーク「本さがしのプロになろう」
②図書館での約束や本の扱い方を確認する。	・説明後、扱い方の一部を確認する。	・図書館利用の約束を説明する。
③本の借り方、返し方を知る。	・しっかり話を聞かせる。 ・勝手に借りないようにする。	○電算化による貸出方法を説明する。 ○貸出冊数、期限を知らせる。
④図書館の分類について思い出す。	・児童と一緒に書架の場所を確認する。	・「本のわけかた」を配布する。 ・十進分類や本の並びかたを確認する。
⑤「花」について本を探す例を聞く。		・「花」を例に複数の分類から本を探せることを説明する。
⑥グループで探す言葉を決める。 ネコ、卵、犬、風、水、蝶、星、海	・ワークシートを配布し、やり方を説明する。 ・探す言葉を指定する。	
⑦言葉に合った本を複数の分類から探す。	・遅れがちな児童に対応する。	・探すことに手間取っている児童の支援をする。 ○聞かれた場合は、本探しのヒントを出す。
⑧わかったことや気づいたことを発表する。	・わかったことなどを発表させる。	

@評価～　・図書館の約束、本の借り方、返し方が理解できたか。
　　　　　・日本十進分類法を理解し、進んで本を探していたか。　　☆「本のわけかた」のプリントは p.63 参照

(2)の④：ワークシート　　　　　　　　　　　　　　　　（資料…図書館ワーク）

本さがしのプロになろう

年　　組　名前（　　　　　　　　　　　）

☆いろいろな分類の本をさがしてみよう。

さがす言葉	

分類の番号	書名(しょめい)（本の名前）

気づいたこと・感想(かんそう)

(2)「問い」をつくる

①「問い」づくりは低学年から

調べる学習はまず「問い」をつくることからスタートします。この「問い」は低学年から身につけさせたい学習です。「疑問に思うこと」「知りたいこと」など、学習意欲につながる思いを小さい頃からもつことは、生涯学習を展開する大事な習慣ではないかと思います。また、自分が考えた「問い」を解決することや解決できたという達成感は、学習の向上につながります。

ここでは1年生向けとして「しりたいことをかんがえよう」と、3年生向けとして「たいようチャートを書こう」というテーマで、「問い」づくりの基本を指導する例を示しました。「問い」は学習の途中で変わるかもしれません。また、「問い」の答えがなかなかみつからず、投げ出すことになるかもしれません。しかし、様々な疑問をもつことが重要で、失敗しながらも学習のよりよい方法を見い出すこととなるでしょう。

まずは、教師が与えるのではなく、児童自身が「問い」をみつける、考えるという学習を何度も展開して欲しいと思います。

②「問い」づくりの例

自分が知りたいことや不思議に思ったりした疑問を考える学習例です。「はてなを探す」とか「知りたいことをみつける」といったやさしい言葉で授業を展開する1年生の例と、疑問の数を増やし、様々な教科を思い出しながら「問い」を考える3年生の授業を紹介します。

※ p.70　1年生授業案、p.71　ワークシート
　p.74　3年生授業案、p.72〜73　ワークシート

③知りたいことを考えよう（2年生で実施してもよい）

◆ 1年生　学習指導案

1　学年組と日時　　年　　組　　年　　月　　日（　）校時
2　場　所　学校図書館
3　単元名　しりたいことをかんがえよう
4　本時の目標
　・知りたいことの例を知り、知りたいことをつくる言葉や文を参考にして、自分の「問い」をつくることができるようにする。
5　本時の展開

学習活動と内容	担任の支援	司書教諭の支援 （☆は準備）
①今日の学習の目当てを知る。	・知りたいことを考える学習であることを知らせる。	☆説明とワークのプリント
②知りたいことってどんなことか話し合う。	・ふと疑問を感じたことなどを発表させる。	
③具体的な疑問を知る。	・例を見ながら、普段の児童の様子で似たような疑問を思い出させる。	・プリントを配布し、具体的な疑問について説明する。
④疑問を考えるヒントを知る。	・他にも様々なことに応用できることを紹介する。 ・いろいろな動物や植物などを当てはめて考えさせる。	・疑問を考えるときのヒントになる言葉や文を紹介する。
⑤自分が知りたいことを考える。	・ヒントや例を見て、同じようにつくればよいことを知らせる。 ・個別指導をする。	・なかなか考えられない児童にアドバイスする。
⑥考えた知りたいことを発表する。	・答えを知っていてもいわないようにさせる。 ・同じような疑問をもっている児童には挙手させる。	
⑦今日の学習を振り返る。	・これからは日常生活の中で知りたいことをみつけることができるようにさせる。	

＠評価～・自分の力で「問い」を考えることができたか。

(2) の③：ワークシート

しりたいことを　かんがえよう

　　　　　　ねん　　くみ　なまえ（　　　　　　　　　　）

1　〈れい〉のように　しりたいことを　かんがえてみましょう。

　〈れい〉
　①パンダは　なにを　たべるの？
　②トマトは　なぜ　あかいの？
　③ほし（せいざ）は　いくつ　あるの？
　④ペンギンは　どこに　すんでいるの？
　⑤ちきゅうは　いつ　うまれたの？

2　ヒントをみて、しりたいことを　かきましょう。

〈しりたいことを　かんがえる　ヒント〉
・どうなっているのかな？　　・いくつあるかな？
・どこにいるのかな？　　　　・どうしてかな？
・だれがつくったのかな？　　・いつからあるのかな？
・どのくらいのおおきさかな？　・なにをたべるかな？

〈しりたいこと〉

(2)の④：ワークシート

たいようチャートに　知りたいことを　書こう

　　　　　　　　　年　　組　名前(　　　　　　　　　)

1　どんなことを書けばよいの？

　・大きなテーマをきめて中央に書き、そのまわりの小さな円に知りたいことや調べてみたいことを書きます。
　・知りたいことや調べてみたいことは、だれかに質問するように書きます。
　・国語や算数、理科、社会、音楽……など、いろいろな教科を思い出しながら、質問を考えましょう。

2　たいようチャート
　　〈れい〉
　　コアラ

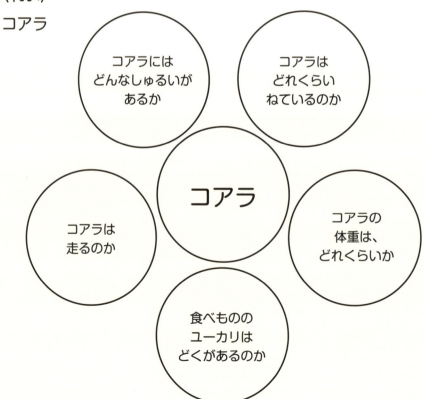

3　つぎの大きなテーマの中から、すきなテーマをえらんで、
　たいようチャートをつくってみましょう。

イルカ　　アリ　　ヒマワリ　　雨　　お正月　　ちきゅう

※中おうのマル（丸）に大きなテーマを書き、まわりのマルに知りたいことを書きましょう。

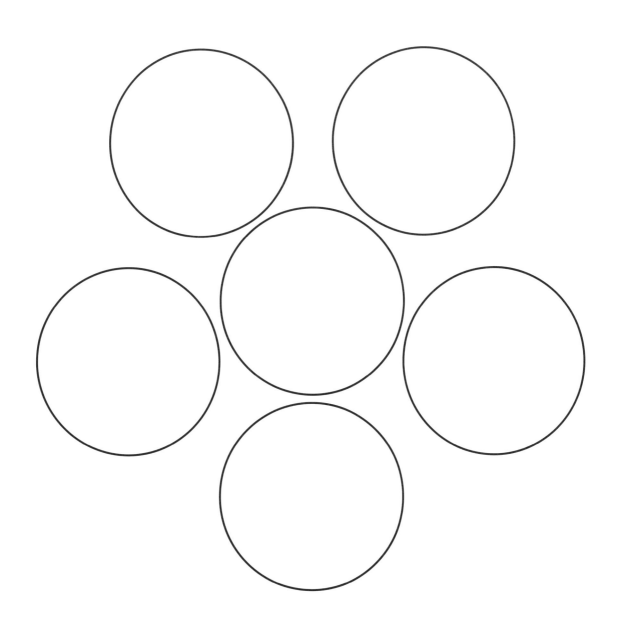

④「太陽チャート」を書こう（4年生で実施してもよい）

◆ 3年生　学習活動案

1　学年組と日時　　年　　組　　年　　月　　日（　）校時
2　場　所　学校図書館
3　教材名　たいようチャートを書こう
4　本時の目標
　・「太陽チャート」を使って「問い」をつくる練習をさせる。
　・「問い」のつくり方を知らせ、自分で考えることができるようにさせる。
5　本時の展開

学習活動と内容	担任の支援	司書教諭の支援（☆は準備）
①学習の目当てを知る。 ・「太陽チャート」の書き方	・今日の学習の目当てについて話す。	☆「太陽チャート」の例 ☆ワークシート
②「太陽チャート」について知る。	・知りたいことを考えるためのチャートであることを説明する。	・知りたいことには様々な視点があることを伝える。 ・必ず疑問形で書くようにさせる。
③「太陽チャート」の例をみて、何を書くかをつかむ。	・どのような視点から知りたいことが書かれているか考えさせる。大きさ、形、場所、時間、なぞ、生活、食べ物など。 ・低学年でも知りたいことを書いたことを思い出させる。	
④提示されたテーマに合わせて、知りたいことを考える。	・好きなテーマを選ばせ、中心に書かせる。グループではなるべく同じテーマにならないようにさせる。 ・キーワードやキーセンテンスになっているものを再度示し、参考にさせる。	・なかなか思いつかない児童にはアドバイスする。 ・教科を思い出しながら考えるとよいことを伝える。
⑤「太陽チャート」に書いたことを発表する。	・答えがわかってもいわないようにさせる。 ・知りたいことが同じ場合は挙手させてもよい。	
⑥学習の振り返りをする。		

@評価〜　・「太陽チャート」の書き方を理解することができたか。
　　　　　・自分で「問い」を考えることができたか。

(3) ベン図にまとめる

① 「比べる」という学習を

　調べる内容によっては、比較したり、類似点をみつけたりする必要があります。また、そういう視点で物事を見る習慣があることは研究への第一歩といえるかもしれません。

　ここでは教科ではなかなか扱うことが少ない「比べる」「共通点を探す」といった学習について低学年指導を対象とした指導を考えてみました。「くらべるめいじんになろう」とか「くらべるはかせをめざそう」といったタイトルで、ゲーム感覚のようなワクワクする授業を展開したいものです。

　低学年での実施なので、なるべく具体物を提示することをお勧めします。見て、触って、臭いや重さを感じてというような体感を伴う学習では新たな発見をすることも多いものです。体験をもとに「ベン図」というチャートへの理解と抽象的な図に表現する方法を会得させます。こうして図に表すまとめ方を知り、図から思考する学習にも発展させましょう。

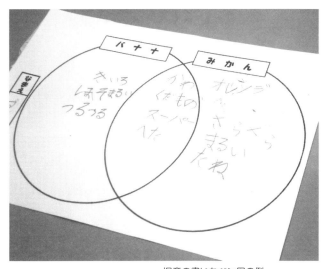

児童の書いたベン図の例

②くらべるはかせになろう（2年生で実施してもよい）

◆1年生　学習指導案

1　学年組と日時　　年　　組　　年　　月　　日（　）校時
2　場　　所　　学校図書館（または教室）
3　教 材 名　　くらべるはかせになろう
4　本時の目標
　・比べることの意味や比べ方を理解させ、自分で比べることができるようにさせる。
　・場面を広げて、様々な言葉につなげるようにさせる。
5　本時の展開

学習活動と内容	担任の支援	司書教諭の支援 （☆は準備）
①今日の学習について知る。 ・「くらべる」学習	○言葉遊びや「くらべる学習」をすることを知らせる。	☆ワークシート ☆参考にする絵
②「くらべる名人1」で違いや同じ点を考え、発表する。 ・先生と司書教諭を比べる。	○司書教諭と一緒に児童の反応を引き出す。 ○指名する。	○「くらべっこ」をして「くらべるはかせになろう」と提案する。 ○司書教諭と担任（又は特定の先生）を比較させる。 ・体の大きさ、服装、声などの違い ・好物などの共通点
③「くらべる名人2」で違いや同じ点をみつけさせる。 ・「バナナ」と「モモ」を比べる。	○絵や写真を見せる。 ○指名する。 ○違いと同じ点の表し方を考えさせる。	○「バナナ」と「モモ」を比べさせる。 ・色、形、大きさ、食べ方等の違い ・果物、ジュースなどの同じ点 ・ベン図の書き方を伝える。
④「くらべる名人3」で違いや同じ点をみつけさせる。 ・「キュウリ」と「トマト」を比べる。	○絵や写真、実物などを参考に比べるヒントをアドバイスする。 ○ベン図の書き方を支援する。 ○自分で考えさせる。	○ワークシートを配布する。 ○「キュウリ」と「トマト」を比べさせる。
⑤ベン図を発表する。	○書いたベン図を説明しながら発表させる。	

@評価～　・違いと同じ点をみつけることができたか。
　　　　　・ベン図を書くことで、比べることが整理できたか。

(3) の② : ワークシート

トマト

キュウリ

なまえ

(4) まとめ方の練習

① 「まとめ方」を知る

　課題について調べ、わかったことをまとめるには「まとめ方」を知る必要があります。ここではどのようにまとめるか、簡単な例を使って練習します。

　まとめるためにはわかったことを要約する必要がありますが、国語科の授業の中で要約の仕方をしっかり自分のものとするにはなかなかむずかしいようです。そこで、4年生をターゲットにして簡単な例文をあげ、課題に対して何が一番大切な言葉なのか、どこが一番重要なセンテンスなのかを考えさせます。そうして、文のつながりを工夫しながら自分の文や言葉にしていく練習をさせます。みんなで同じ内容について考えるので、まとめ方のコツや工夫をつかむことができ、個々の要約に役立つのではないかと思います。

　下図に示した「そのままカード」の例を使って4年生向けの授業を展開しました。

そのままカードの例

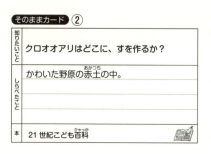
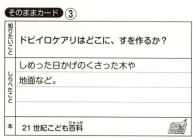
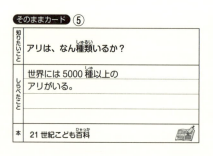
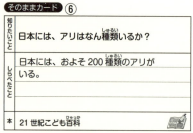

②調べたことをまとめよう（3年生で実施してもよい）

◆4年生　学習指導案

1　学年組と日時　　年　組　　年　月　日（　）校時
2　場　所　学校図書館（または教室）
3　教材名　しらべたことをまとめよう
4　本時の目標
　・簡単な要約の仕方を知り、自分の考えや言葉で大切なことをまとめることができるようにする。
5　本時の展開

学習活動と内容	担任の支援	司書教諭の支援（☆は準備）
①学習の目当てを知る。 ・調べたことのまとめ方	・今日の学習の目当てについて話す。	☆パワーポイント ☆ワークシート（「まとめカード」） ☆「そのままカード」の例（プリント）
②調べたことのまとめ方を知る。 ・大事なことをつかむ。 ・接続詞を工夫する。	・説明をしっかり聞かせる。 ・大事なことは何かをつかませる。	・パワーポイントで調べたことのまとめ方の説明をする。
③「そのままカード」の例を見て視点を決めて読む。 ・類似している点 ・一番大事な点	・例を比べさせて、類似した点や大事なことをみつけさせる。 ・課題に合った重要な点をみつけさせる。	・パワーポイントで「そのままカード」の例を示す。
④選んだ言葉や文章を自分の表現にする。 ・接続詞を工夫する。 ・課題の答えを出す。	・類似したカードを探させる。 ・しっかり時間を取り、十分考えさせる。	・「そのままカード」の例のプリント、ワークシートを配布する。 ・戸惑っている児童の支援をする。
⑤「まとめカード」に書いたことを発表する。 ・まとめた理由・工夫したこと	・「まとめカード」に記入したことを発表させる。 ・まとめた理由やどんなことを意識したかもいえるようにさせる。	
⑥学習のまとめをする。 ・今日の学習について感想を発表する。	・気づいたことなど、今日の学習の感想を簡単に発表させる。	

@評価～　・まとめ方の方法がわかったか。
　　　　　・意欲的に学習を進めることができたか。

(4)の②：ワークシート

しらべたことをまとめよう

年　　組　名前（　　　　　　　　　　　）

●まとめカード　　使った「そのままカード」の番号は（　　　　　　　　　）

わかったこと	

●まとめカード　　使った「そのままカード」の番号は（　　　　　　　　　）

わかったこと	

●まとめカード　　使った「そのままカード」の番号は（　　　　　　　　　）

わかったこと	

(5) 百科事典の活用

①百科事典と準備

　百科事典は、調べ学習にはとても便利な本です。「総合百科事典」や「学習百科事典」が使いやすいでしょう。ここでは「総合百科事典」の中で、学校図書館に置かれていることが多い、「ポプラディア」を例にあげた指導を考えてみました。

　百科事典の仕組みと活用のポイントを伝えた後、できるだけ1人1冊は百科事典を使えるよう準備し、ワークシートに取り組むことで活用の定着を図ります。1人に1冊がない場合は、2人1組とし、お互いに調べる項目を変えて1人ずつ調べるようにさせます。ペアの相手が調べている時間は、何種類かのコピーを用意してそれを読ませたり、違う書籍で同じことを調べさせ、百科事典との違いを感じさせるのもよいでしょう。

②「調べることがら」について

　次に指導例を提示しますが、この授業案では下記の動物について調べる練習をさせました。「調べることがら」は例に応じて示すとよいでしょう。ただ、初めから児童の好きなことがらでよいとすると、それを決めることだけに時間がかかってしまいます。一つは指定したことがらでよいのですが、同じことがらを調べるよう指示すると全員が一斉に調べることができないので、注意してください。

● 「調べることがら」の例

調べる事柄の例	
	アジアゾウ・イグアナ・イシガメ・ウグイス・エミュー
	カルガモ・クマゼミ・クロアゲハ・コゲラ・ザトウクジラ・サンショウウオ
	シマリス・シマヘビ・シャチ・セミクジラ・ゾウガメ・タマムシ
	ツキノワグマ・テナガザル・トド・ナガスクジラ・ハリモグラ
	フクロウ・ホオジロ・フエダイ・マガモ・メグロ・マガレイ
	ラッコ・レッサーパンダ・ロバ

百科事典のワークシート例（次頁）

※百科事典の冊数や児童の調べる速さによって活動が異なります。

　ここでは早くできた児童が他のことも調べることができるよう、ワークシート3枚分を用意しました。2枚目以降は裏に印刷しましょう。

※指導案は p.84 に掲載

(5)の③：ワークシート

百科事典（ひゃっかじてん）を使おう

年　　組　名前（　　　　　　　　　　　）

1　百科事典で動物についてしらべてみましょう。下のなかから「しらべる動物」をえらびましょう。

グループ	調べる動物
A	アジアゾウ・イグアナ・イシガメ・ウグイス・エミュー
B	カルガモ・クマゼミ・クロアゲハ
C	コゲラ・ザトウクジラ・サンショウウオ
D	シマリス・シマヘビ・シャチ
E	セミクジラ・ゾウガメ・タマムシ
F	ツキノワグマ・テナガザル・トド・ナガスクジラ・ハリモグラ
G	フクロウ・ホオジロ・フエダイ・マガモ
H	メグロ・マガレイ・ラッコ・レッサーパンダ・ロバ

2　使った百科事典のことを書きましょう。

書名（　　　　　　　　　　）（　　）巻（かん）（　　　　）ページ

3　しらべてわかったことを書きましょう。

書名（　　　　　　　　　　）（　　　）巻（かん）（　　　　）ページ

しらべた動物		
しらべたこと	大きさ	
	どこにいるか	
	食べもの	
	そのほかわかったこと	

3　しらべてわかったことを書きましょう。

書名（　　　　　　　　）　（　　　）巻　（　　　）ページ

	しらべた動物	
しらべたこと	大きさ	
	どこにいるか	
	食べもの	
	そのほか わかったこと	

3　しらべてわかったことを書きましょう。

書名（　　　　　　　　）　（　　　）巻　（　　　）ページ

	しらべた動物	
しらべたこと	大きさ	
	どこにいるか	
	食べもの	
	そのほか わかったこと	

③百科事典を使おう（4年、5年生で実施してもよい）

◆3年生　学習指導案

1. 学年組と日時　　年　組　　年　月　日（　）校時
2. 場　所　　学校図書館
3. 教材名　　百科事典を使おう
4. 本時の目標
   ・百科事典の仕組みと使い方を理解し、知りたいことを百科事典で調べることができる。
5. 本時の展開

学習活動と内容	担任の支援	司書教諭の支援 （☆は準備）
①百科事典を使ったことを思い出す。	○百科事典を使った経験を発表させる。 ・どんな時に使ったか。 ・どんなことを調べたか。	☆総合百科事典（ポプラディア） ☆パワーポイント ☆ワークシート
②百科事典の仕組みを知る ・背、つめ、はしら ・定義・索引	○話をしっかり聞くようにさせる。	○パワーポイントを使って、百科事典の仕組みを説明する。 ・巻、背、つめ、はしら、項目 ・定義、索引、五十音順
③調べたい項目を決める。	○百科事典を配布する。 ○調べたい項目を選ばせる。	○ワークシートを配布する。
④百科事典を使って、知りたいことを調べる。	○調べたことを書かせる。 ○内容をしっかり読むようにさせる。	○つめやはしらを見るようにさせる。
⑤わかったことを発表する。	○調べたことを簡単に発表させる。	
⑥まとめをする。	○感想を発表させる。	

@評価～　・百科事典の使い方を理解することができたか。
　　　　　・進んで調べようとしていたか。

(6) データ集の見方

①データ集とは？

データ集は、調べる学習を円滑にする有効的な資料といえます。様々なデータ集がありますが、ここではよく活用される『朝日ジュニア学習年鑑』を例に取りあげた指導について紹介します。『朝日ジュニア学習年鑑』は様々な情報がコンパクトに収められています。毎年刊行されるので資料の確実性、迅速性にとんでいます。書籍で調べる学習をする時には欠かせないアイテムといってもよいでしょう。

②年鑑の活用

年鑑の活用についての指導は、まず年鑑で調べることがわかることをしらせます。そのデータや説明がどこに書かれているかは目次を見ますが、その目次の見方、さらには索引の使い方を学習することも必要です。調べたいデータのポイントを学ぶことで、より確実なデータを知り、自分の考えをまとめることができます。教科で学んではいることですが、その資料の見方のポイントを確実にマスターさせましょう。

調べる学習こぼれ話④　年鑑で子ども時代に戻ったD先生　

　学校図書館の整備に関する私のバロメーターは「年鑑」だ。年鑑が古い、冊数が少ない、全く年鑑がないといった図書館は、学習の場として機能していないといえるのではないだろうか。年鑑のような「データ集」はとても興味深い資料だが、年鑑自体の存在すら知らない先生がいらっしゃるのには驚く。

　D先生は子どもの頃、年鑑にハマったとのこと。「年鑑、なつかしいなあ。いつも見ていましたよ！」と嬉しそうな先生。授業を通して、年鑑の楽しさを子どもたちに伝えてくださった。もちろん、その後はD先生のクラスの児童が連日、年鑑目当てに図書館に来たそうだ。第二のD先生が育ってくれるといいなあ。

③ **年鑑を使おう**（6年生で実施してもよい）

◆ **5年生　学習指導案**

1　学年組と日時　　年　組　　年　月　日（　）校時
2　場　所　　学校図書館
3　教材名　　年鑑を使おう
4　本時の目標
　・年鑑のよさや使い方について理解し、目次や索引を使って調べることができる。
5　本時の展開

学習活動と内容	担任の支援	司書教諭の支援 （☆太字は準備）
①調べる学習で使った資料を思い出す。	○これまで調べる学習で使ってきた資料を思い出させる。 　植物図鑑、国語辞典、百科事典等	☆朝日ジュニア学習年鑑 ☆パワーポイント ☆ワークシート
②『朝日ジュニア学習年鑑』でわかることを予想する。	○『朝日ジュニア学習年鑑』を紹介し、次の事柄がわかるか予想させる。 　・魚を1番食べる国 p.153 　・売れているコンビニ p.180 　・宇宙飛行士の一日の様子 p.59 　・駅の混雑ランキング p.184 　・子どもに多い名前 p.56	○わかるページを提示する。
③年鑑について知る。	○年鑑の説明をしっかり聞くようにさせる。	○パワーポイントで年鑑について簡単に説明する。 　・毎年発刊されている 　・時事ニュース、ミニ百科、統計
④年鑑の使い方を知る。		○年鑑の使い方を説明する。 　・目次から調べる場合 　・索引から調べる場合
⑤年鑑を使って調べ、わかったことを発表する。	○目次や索引を使って調べるようにさせる。	○「野菜調べ」をさせる。
⑥気づいたことや感想を発表する。	○自分の気になったデータを読み取らせる。 ○調べたことを簡単に発表させる。 ○気づいたことや感想を発表させる。	

@評価～　・年鑑の使い方を理解することができたか。
　　　　　・進んで調べようとしていたか。

④年鑑の使い方詳細（先生用）

指導案で質問する内容についての解答例は次のとおりです。

2　わかることを予想する。
　→下の5項目は全てわかります。2016年版に記載されているページは下記の通りです。
　・魚を1番食べる国　　　　p.153　　・売れているコンビニ　　p.180
　・宇宙飛行士の一日の様子　p.59　　 ・駅の混雑ランキング　　p.184
　・子どもに多い名前　　　　p.56

4　年鑑の使い方……2016年版の場合
〈目次から調べる場合〉
　課題A「日野自動車工場は、日本のどこにあるか」
　①目次を開く→ p.3「統計編」（大きな字）
　②項目を探す→ p.4 工業（青字）
　③小項目を探し、ページ数を確認する→自動車工業（小さい字）、p.166
　④ページを開き、データを読み取る→東京（日野、羽村）、茨城（古河）、群馬（新田）

〈索引から調べる場合〉
　課題A「日野自動車工場は、日本のどこにあるか」
　①索引を開く→ p.254
　②キーワードを考える→「自動車工場」
　③キーワードで索引し、ページ数を確認する。→ p.166
　④ページを開き、データを読み取る→東京（日野、羽村）、茨城（古河）、群馬（新田）

　課題B「杉の産地の都道府県ベスト3」
　①索引を開く→ p.254
　②キーワードを考え、ページ数を確認する→「杉」×
　　（×杉、産地、都道府県）
　　（○木材 p.152 か p.247、林業 p.152、森林面積 p.152）
　　※上位概念を引き出す。
　③ページを開き、データを読み取る→木材のとれ高：宮崎、秋田、大分
　　※資料（出所：農林水産省）と単位（万立方メートル）、調査年（2014年）を確認

5　野菜調べ
　①自分の好きな野菜を選ぶ
　②キーワードを考える
　・索引→「野菜のとれ高」p.149
　・目次→「農業」→「野菜、工芸作物など」p.149
　③資料（出所：農林水産省）と単位（万トン）、調査年（2014年）を確認

(6) の③：ワークシート

年鑑を使おう

年　　組　名前（　　　　　　　　　　　）

1　つぎの野菜のうち、ひとつをえらび（○でかこむ）、とれ高の多い都道府県を順に書きましょう。また、そのとれ高を調べましょう。

だいこん　　キャベツ　　トマト すいか　　ブロッコリー	調査した年　　　　　　　　　年

順位	都道府県名	とれ高　単位（　　　）
1位		
2位		
3位		

どこの調査か？　【資料】（　　　　　　　　　　　　　　　）

2　すきな資料をみて、ベスト3とその数値を書きましょう。

何のデータ？	調査した年

順位		数値　単位（　　　）
1位		
2位		
3位		

(7) 表（マトリックス）にまとめる

①マトリックス表

　調べたことをまとめるために表を作成することは、調べたことを整理するのに役立ちます。ここでは、マトリックス表を作成してみたいと思います。マトリックス表は、比較する観点を考え、それぞれの特徴を整理することができます。また比較する対象と観点を分け、違いと共通点を一覧にすることができます。

　このような比較する力や関係づける力は、問題解決の基礎として育成したい力です。特に、中学年では低学年とは違ったチャートや表を使ってまとめる力を養いたいと考えます。国語や算数、理科など各教科での違いはありますが、文章から比較する観点を抽出し、対象の特徴をつかんだり、つかんだことを差異点と共通点に分けて表現することも必要です。

　マトリックス表での条件によって、どのように分類されるかなどを考えることで、差異点や共通点をよりしっかり見据える力が培われるものと考えます。

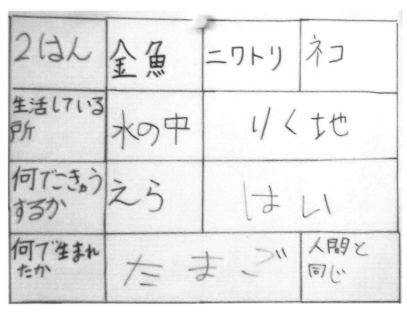

↑児童が作成したマトリックス表

②表（マトリックス）づくりの例

　違いや共通点の観点を考えて、表にまとめる学習例です。マトリックス表の縦と横の観点にどのような言葉を入れるかを考え、比較するものの違いや共通点を明らかにしていきます。中学年を対象とした授業を紹介します。

③表にまとめよう（4年生で実施してもよい）

◆3年生　学習指導案

1　学年組と日時　　年　　組　　年　　月　　日（　　）　校時
2　場　所　学校図書館
3　単元名　表（マトリックス）にまとめよう
4　本時の目標
　・文章を読み、比較する対象と比較する観点を考え、その観点に沿った表（マトリックス）を作成することができる。
5　本時の展開

学習活動と内容	担任の支援	司書教諭の支援 （☆太字は準備）
①表（マトリックス）にまとめる学習であることを知る。	・比べる対象を横に並べ、比べる観点を縦に並べて表として整理する学習をすることを伝える。	☆ワークシート
②例題文を読む。	・例題文を提示し、しっかり読むようにさせる。	
③比較する対象と観点を考える。	・個人で文章を読み、比較する対象と観点を考えさせる。	・困惑している児童には、手がかりになる言葉に印をつけさせる。
④対象と観点に合わせて、書かれたことを当てはめる。	・対象と観点に合わせて、表を完成させる。	・共通のものがあったときには、同じセルに記すとわかりやすいことを知らせる。
⑤個々の表を突き合わせ、グループでまとめた表を作成する。	・グループでそれぞれが整理した表を持ち寄り、話し合ってグループの表を作成させる。	
⑥グループごとにまとめた表を見て、気づいたことを発表する。	・学級全体で、グループごとに作成された表を比較させる。 ・グループごとの比較をしながら、差異点と共通点を再度みつけさせる。	
⑦学習の振り返りをする。	・表にまとめるよさを考えさせる。	

@評価～　・文章を読み取り、観点を定めてそれぞれの特徴をとらえることができたか。
　　　　　・観点に応じた差異点と共通点を整理して、表に表すことができたか。

(7)の③：ワークシート

表にまとめよう

年　　組　名前（　　　　　　　　　）

☆つぎの文を読んで、下の表にまとめましょう。

　　バラ科の仲間には、ウメやモモ、サクラがあります。そのちがいはどこにあるかをしらべてみましょう。
　　花びらは、どれも5まいです。まるい花びらがウメ、すらりとしている花びらがモモ、花びらのさきに切りこみがあるのが、サクラです。
　　葉(は)の形もちがいます。ウメは、葉のふちがギザギザになっています。葉のみゃく（すじのようになっている）がくっきりしているのが、サクラです。モモの葉は、ほそ長い形をしています。
　　ウメは、まださむい1月ごろさきます。ひなまつりのころさくのが、モモです。すっかり春になると、サクラがさきます。

　　　　　　　　　　　　参考にした本：『ウメ・モモ・サクラ』（新樹社）

※つぎのような表を「マトリックス表」といいます。

※一番上のよこのマスには、花の名前を書きましょう。
※左のたてのマスには、くらべることがらを書きましょう。

(8) 情報リストをつくる

①資料をリストにする

　何かを調べようとするときに、まずはどの情報や資料を使えばよいか考えます。たぶん、インターネットで情報がありそうだと思う言葉を入力し、欲しい情報に出会うまで次々と入力したり、妥当だと思う書籍や資料を探したりしているのではないでしょうか。しかし、情報を得るためには効率を考えることも必要です。ここでは、目的に合わせた情報や資料のリストの作成の仕方を学びましょう。リストをつくることで、これからの調べる学習は一段とスピーディになると思われます。あらかじめ情報を概観することで、どんなことがわかるか、どんなことを調べるとよいかといった概要をつかむことが可能になるからです。目的のための手段がはっきりすれば、効率は上がります。手段が曖昧だとどれにしようか、どうしようかと迷うことになり、効率も下がります。調べる学習にはリストをつくることが必修だと思いますが、なかなかリスト作成の学習がなされていないように思います。著作権に関わる学習も兼ねて、目的に合う情報リストづくりを学習に取り入れましょう。

②情報リストの例

　森崎さんは「イルカ」について調べたいと思いました。そこで、調べる前に図書館にはどんな資料があるか、インターネットにはどのようなサイトがあるかを調べて、情報リストを作成しました。

●森崎さんの情報リスト

	書名（シリーズ名）・URL	作者 著者 筆者	出版社 出所サイト名	発行年 発行日	請求 記号
1	イルカの生活（動物の世界にズームイン5）	川森太郎	江戸川出版社	2017年	48 9か
	〈メモ〉イルカの泳ぎ方や生活の様子、子どものイルカのことがわかる。				
2	新こども図鑑　動物		平石館	20△△年	031 し
	〈メモ〉イルカの種類や特ちょうがわかる。				
4	水族館リニューアル〜イルカのすまい〜		△△新聞	20××. 3,22 朝刊	
	〈メモ〉水族館のイルカの生活ぶりがわかる。				
5	○○水族館　http://www.sia-aquarium.com/z/penguin.html		○○キッズ	20△△. 5, 12.	
	〈メモ〉日本の水族館の中で、特にイルカにくわしい水族館について書かれている。				

（見た日）

③情報リストをつくろう

　4年生を対象とした情報リスト作成の授業案です。5年生、6年生での実施もよいでしょう。書籍だけでなく、新聞やインターネットの情報にもふれさせたいものです。ただし、1時間で実施する場合、時間が足りないことがあります。時間の目安を掲げて、できるだけコンパクトにまとめられるようにさせましょう。

◆**4年生　学習指導案**（5年、6年生で実施してもよい）

1　学年組と日時　　年　　組　　年　　月　　日（　）校時
2　場所　学校図書館
3　単元名　情報リストをつくろう
4　本時の目標
　・自分が調べたいテーマについて関連する本や情報を探し、そのリストを作成できるようにさせる。
5　本時の展開

学習活動と内容	担任の支援	司書教諭の支援（☆は準備）
①調べるテーマに合った情報のリストをつくる学習であることを知る。	・テーマに合った本や情報を探し、そのリストを作成することを伝える。	☆ワークシート
②イルカの情報リストに記載されていることを知る。	・イルカの情報リストを紹介し、どんなことが記載されているか確認する。	
③情報リストの作成の仕方を理解する。	・奥付を知らせ、記載の仕方を理解させる。題名、シリーズ名の書き方著者名、作者名の書き方出版社、出所の書き方出版年の書き方インターネットや新聞の情報源の書き方	・奥付を提示し、補足があれば担任の説明の後、補足する。・新聞やインターネットの情報の様子を提示する。
④リストに記載した情報の簡単なコメントの書き方を知る。	・簡単なコメントの書き方を知らせる。	・簡単なコメント例を示す。
⑤自分のテーマに合った本を探し、情報リストに記入する。	・はじめに書籍の情報を探させる。・インターネットや新聞の情報も入れるようにさせる。・記入の仕方を個別に支援する。	・なかなかみつからない児童の支援をする。・記入の仕方を個別に支援する。
⑥グループ内で必要なことが適切に書かれているか見合う。	・記載されていることが適切かどうかグループ内で見合うようにさせる。・グループごとにアドバイスする。	
⑦学習の振り返りをする。		

@評価～　・適切な情報リストを作成することができたか。
　　　　　・様々な図書館資料をみつけることができたか。

(8)の③：ワークシート

情報リストをつくろう

年　　組　名前（　　　　　　　　　　）

テーマ

番号	書名（シリーズ名）・URL	著者 筆者 作者	出版社／出所 サイト名	発行年発行日	請求記号
1					
	〈メモ〉				
2					
	〈メモ〉				
3					
	〈メモ〉				
4					
	〈メモ〉				
5					
	〈メモ〉				

●気づいたこと

6 学校図書館を活用するための環境づくり

(1) 蔵書数と配分比率

調べる学習を展開するには、学習に必要な本が必要です。文部科学省から学校に所蔵したい本の冊数の目安が「図書標準」として下記のように示されています。

●図書標準（小学校）

学校図書館基準（文部省制定：昭和34年）

小学校	3〜6	3,000 + 520 ×（学級数－2）
	7〜12	5,080 + 480 ×（学級数－6）
	13〜18	7,960 + 400 ×（学級数－12）
	19〜30	10,360 + 200 ×（学級数－18）
	31〜	12,760 + 120 ×（学級数－30）

学校図書館図書標準 （文部科学省　平成5年）

小学校			
学級数	蔵書冊数（冊）	学級数	蔵書冊数（冊）
4	4,040	18	10,360
5	4,560	19	10,560
6	5,080	20	10,760
7	5,560	21	10,960
8	6,040	22	11,160
9	6,520	23	11,360
10	7,000	24	11,560
11	7,480	25	11,760
12	7,960	26	11,960
13	8,360	27	12,160
14	8,760	28	16,800
15	9,160	29	17,120
16	9,560	30	17,440
17	9,960		

この図書標準は満たしているものの、どのような本が蔵書となっているかを調べてみると、多くの学校図書館では9類（文学／絵本も含む）が蔵書の大半を占めていることが多いようです。蔵書の六割か七割が9類という学校図書館もかなりあります。このような学校図書館では、冊数は図書標準に達していても、調べる学習の本が不足していて、満足のいく学習ができないことが多いものです。学習センターとしての学校図書館を考え、学習を円滑に行う環境を整えることが重要です。文部科学省や全国学校図書館協議（全国SLA）会から次のような配分比率が示されています。

●蔵書の配分比率

文部科学省：昭和34年

	000	001	002	003	004	005	006	007	008	009	絵本	
小学校	5	2	15	9	13	5	5	5	2	20	19	100%
中学校	7	3	14	10	15	5	5	7	5	29		100%
高等学校	8	5	13	10	15	5	5	7	7	25		100%

　＊基本図書としては、必備の辞書、百科事典、年鑑、統計、人名・地名などの事典、地図・図鑑などを含めて、小学校500種、中学校700種、高等学校1000種程度の図書が必要である。

全国SLA：平成12年

	000	001	002	003	004	005	006	007	008	009	
小学校	6	2	18	9	15	6	5	9	4	26	100%
中学校	6	3	17	10	15	6	5	8	5	25	100%
高等学校	6	9	15	11	16	6	5	7	6	19	100%
中等教育学校	6	9	15	11	16	6	5	7	6	19	100%

　＊絵本・マンガは、主題をもとに、分類する。

　この表から小学校の20学級の場合の蔵書構成を考えると、図書標準冊数は、10,760冊です。9類は26％で2,798冊となります。仮に9類が50％の場合は、5,380冊となり、2,582冊多いことになります。9類が40％だとしても、4,304冊で、1,506冊もオーバーしています。

2類について見てみると、18％ですから、1,937冊が図書標準冊数となります。仮に15％だとすると、1,614冊で323冊も少ない状況になります。

例：配分比率　　類ごとの冊数（小学校20学級の場合）

例	0	1	2	3	4	5	6	7	8	9
小10,760冊	646	215	1937	968	1614	646	538	968	430	2798

　例えば、棚が5段ある書架に2類や4類の本を並べたとします。1台（横幅180ｃm）の書架に入る本がおおむね500冊程度だと考えると、2類の1,937冊は4台分の書架が必要になります。棚が2段、3段の場合は当然、5台以上の書架が必要となります。あなたの学校図書館の書架は、配分比率に対応する冊数が妥当な台数の書架に配架されているでしょうか？

　また、何年も蔵書点検を行っていない学校で蔵書点検をしたら、本の冊数が大幅に違っていたという話をよく聞きます。配分比率に見あう本があるかどうか、最低でも年に1回は調べて、蔵書の確保をしたいものです。蔵書数は台帳上の数字ではなく、現物をしっかり確かめた数字を出すようにしましょう。

　私が図書館の担当になった初めの頃は、1人で蔵書点検をしました。当然大変だということがわかって、校内の図書館部の先生に声をかけ、協力していただける日程を組むようにしました。数人の協力があれば、かなり短時間で点検することができます。電算化されている学校図書館は、さらに短時間でできます。毎年蔵書点検をすると、本の紛失も少なくなり、点検がしやすくなります。確かな学習が実践できる場として、蔵書の確保、学習できる本の確保は切実な課題です。「学校司書がいないからできない」「電算化されていないからできない」という言い訳をして課題を封印せずに、積極的に取り組んでいきましょう。

(2) 配架と請求記号

　本の確保とともに、配架の基本をマスターしましょう。学校司書が配置されている場合、司書任せにすることが多いかと思いますが、基本は使い手である教員もマスターすべきです。

　学校図書館では、基本的には日本十進分類法（p.63参照）で配架することをお勧めします。児童がこの分類を知っていることで、将来的にもほかの図書館を活用することにためらいがなくなります。先生や学校司書がよかれと思ってやってしまいがちですが、独自の配架をすることは避けるべきです。そのような学校で育った児童は、中学校、高校、大学の図書館や公共図書館を利用する時に困惑してしまうことでしょう。日本国内であれば、どの図書館も利用できる児童を育成したいものです。

　また、学校図書館では様々なコーナーを見かけます。
- 新着本コーナー　・季節のコーナー　・作家別コーナー　・昔話コーナー
- よい絵本コーナー　・学年別コーナー　・おすすめ本コーナー　・推薦図書コーナー
- ホラーコーナー　・SFコーナー　・寄贈本コーナー　・シリーズのコーナー（ひみつシリーズ、ゾロリシリーズなど）

など、驚くことに、上記にあげたコーナーがほとんどあるといった学校図書館もありました。そういう図書館では、どこにどの本があるのかが、長年在住している学校司書にしかわからないという状況になります。ですから、初めて使う者にとっては本を探すのも大変だし、返すのもどこに返せばよいのかわからないことが多いのです。配架の基本は、誰にでもわかることです。日本十進分類法（NDC）がある程度理解されていれば、誰でももとの場所へ返すことができる学校図書館になるでしょう。

　そのためには、請求記号（所在記号）をしっかり付与することです。例えば、「飼育」にかかわる本は6類にするか4類にするか、担当者の考え方で違ってきます。NDCでは栽培や飼育は6類となっていますが、児童の調べやすさと考えると、昆虫や動物と同じ4類に入れてあげた方がよいのかもしれません。教員と学校司書で話し合い、配架や分類の考え方を共通理解することが必要です。

　また、教科書で紹介されていますから、分類の指導は教員がします。そこでお勧めしたいのは、分類記号は小学校でも3桁にすることです。1桁しかない表示は分類がわかりにくくなります。3桁の表示にすると、分類がしやすく、本を探したり、本を返したりする場所がわかりやすくなります。

　特に4類は3桁でしっかり分けましょう。2桁にした場合「48」では昆虫、魚、鳥、動物が混ざり合い、本が探しにくくなります。特別に「昆虫」「魚」「鳥」などと表示をすることも多いですが、初めから3桁で分けておけば、そういった特別なことはしなくてもすみます。

その他の分類も3桁にしておくと、本が増えても困ることは少ないようです。4類だけ3桁にしている学校図書館もありますが、分類の指導をする場合、2桁と3桁が混在しているのはとても指導しにくいものです。誰にでもわかりやすく、指導しやすい分類記号にしましょう（p.64参照）。

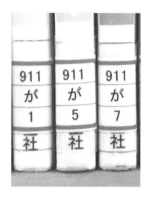

(3) 資料の収集とファイル化

　本を揃えることはもちろん大切ですが、学習内容によっては本では補えないことがあったり、本だけでは資料が足りなかったりすることが度々起こります。例えば、歴史上の人物について調べることがあったとします。「明治時代までなら、誰を調べてもよい」といった課題ならば、図書館の本で間に合うでしょうが、織田信長や徳川家康といった特定の人物を一斉に調べるとなると、既存している本だけではとても足りません。すると、ICTで調べる授業が多くなり、結果として児童が理解できないまま、丸写しするだけで学習が終わってしまうことが危惧されます。

情報ファイルのつくり方

①どのような資料を収集するか。
　　新聞・パンフレット・リーフレット・冊子・
　　広報紙・写真・絵はがき・図録・地図・児童生徒の作品等

②収集した資料をファイル化する。ファイル化の手順
　1）ファイルする資料を選ぶ。
　2）マーキングする。
　3）必要な記事を切り抜く。
　4）台紙を用意する。
　5）台紙に貼る。
　6）標目の記載をする。件名を選ぶ。
　7）小見出しをつける。
　8）件名ごとに整理する。

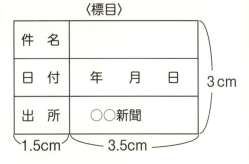

＊標目は印刷しておくとよい。

③台紙への貼り方（台紙は画用紙などがよい）
　・A4判かB5判の台紙となる用紙を用意する。
　　（ファイリングするものや利用者の要望に合わせる）
　・台紙より大きい資料は適切なところで切り、裏も利用して貼るようにする。
　・資料が大きすぎる場合は、四つ切りなどの大きな台紙を用意する。

「何のための資料なのか」、「調べる学習の資料（ICTも含む）は適切なのか」などと、図書館を活用する授業が円滑に展開できるよう、図書館担当者だけでなく授業者全員が考える姿勢をもちたいものです。
　そういうときのために、新聞のファイルづくりを勧めています。作成方法は、下記の通りです。新聞だけでなく、資料として①のようなものを収集します。それらを総合したものを、私は「情報ファイル」と呼んでいます。

④ファイル化した資料の保存の仕方
　・できるだけ所定のケースを用意する。
　・古いファイルや内容の合わないファイルは廃棄する。（3年程度を目安とする）

⑤作成したファイルを活用するために
　・資料の探し方の手引きであるパスファインダーを作成して、活用できることを知らせる。

⑥ファイル作成の留意点
　・件名を考えて、記事を選ぶ。
　・大きい記事は、適切なところでいくつかに分けてよい。
　・全面にしっかり糊をつけて貼る。（隅がめくれないようにする）
　・こまめに資料を収集する。協力を呼びかける。
　・台紙の裏も利用し、1枚に納めるようにする。
　・見出しを参考にして、タイトルを考える。
　・むずかしい漢字には読み仮名をつける。
　・保存する場所の確保をする。（書架に並べてもよい）

（4）地域資料の収集と作成

　地域の資料は、書籍として発行していないことが多く、特に中学年向けの適切な資料がないことが多いようです。そこで、地域を題材にしたリーフレットやパンフレット、地域の広報紙などをできるだけ収集し、その中でわかりやすいもの、学習の需要が多いものなどに項目をつけて、収集、分類、配架することを勧めています。

地域資料のつくり方

（1）地域資料の種類
　　わたしたちの○○市（副読本）、冊子、広報紙、パンフレット、
　　○○市の要覧、ホームページ、リーフレット、レプリカ、現物など

（2）作成したい地域資料の内容
　○　建物、神社、寺、公園、博物館・美術館・歴史館、自然（川、滝、海、山など）
　　　文化財、記念碑、伝統行事など
　×　個々の商店、個人的な食品、グルメ、食事場所、観光のコースなど

（3）わかりやすい地域資料にするために
　◎児童に理解できる資料に加工する。
　　＊やさしい言葉で、なるべく2〜4項目程度に箇条書きとする。
　◎加工の手順
　　①文を分ける
　　➡〈例〉　紫の滝
　　　新緑を背景に高さ5m、幅25mの紫檀色の一枚岩を伝う白糸のような水流が自然豊かな景観を生み出している。
　　　　⬇
　　・新緑を背景に
　　・高さ5m、幅25mの紫檀色の一枚岩を
　　・伝う白糸のような水流が
　　・自然豊かな景観を生み出している。
　　②難語句をやさしくする。
　　➡〈例〉・新緑➡初夏のころの若葉の緑　・水流➡水の流れ
　　　　　・背景➡バック、うしろの景色　・景観➡よい景色
　　　　　・紫檀色➡黒みがかった赤紫色　・生み出す➡新しいものをつくり出す
　　　　　・伝う➡あるものにそっていく

地域資料は、次頁の例のように中学年にもわかりやすい言葉に直すと使いやすいでしょう。また、出典を明記して、児童が使える資料を地域ごとに作成する必要があります。私が関わった荒川区の場合は、学校司書の研修でそれぞれが分担して作成し、それをまとめたものを各校に備えておくようにしました。

③やさしい文にまとめる。

→〈例〉　紫の滝
　　夏のはじめのころの緑が美しいけしきをバックにした滝です。高さ5m、はばが25mもある黒むらさき色の一枚の大きな岩にそって、白い糸のようになって流れる水が、すばらしい自然をつくっています。

④余分な部分は省く

⑤カード化する。
　ア、写真やイラストを入れる（貼る）。　　エ、出所を記す。
　イ、加工した説明を書く。　　　　　　　　オ、裏に元の資料を貼付する。
　ウ、タイトルを付ける。

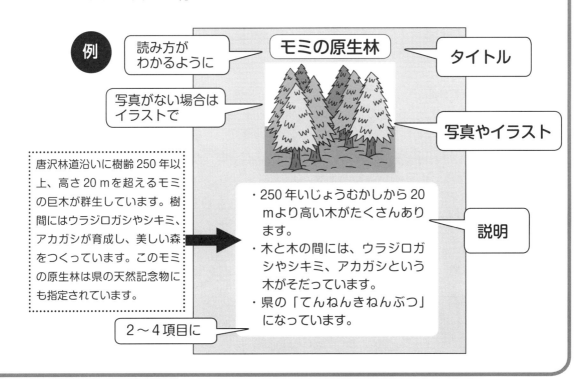

(5) わかりやすいサインや表示

　学校図書館には、児童への案内となる表示やサインを工夫することが大事です。表示には次のようなものが考えられます。

- 学校図書館の場所を示す（校内の何カ所かに欲しい）
- 学校図書館が開館しているかどうかを示す
- 学校図書館の開館日、開館時間を示す
- 貸出が可能かどうかを示す
- 学校図書館内の地図（どの本がどこにあるかがわかる）
- コーナー名（どのようなコーナーか）
- 貸出、返却などの場所を示す
- 担当図書委員や担当教員、学校司書がだれかをわかるようにする
- 学校図書館のきまり（約束）を示す
- 貸出、返却の方法やきまりを示す

　上記の全てが必要ではありませんが、利用者の立場になって必要なことを案内しましょう。約束事などについては、あまりしつこい表示にはならないように、特に禁止事項をやたらと表示するのは考えものです。あれもこれも禁止、ダメと言われると図書館を利用する気持ちは失せてしまうかもしれません。図書館を大事にしたい熱意はわかりますが、利用者の気持ちを優先したうえで案内することが第一です。

●サインや表示の例

絵本の場所は大きな文字ではっきり示すようにしましょう。サインにイラストなどが入っているとより楽しくなります。

(6) 楽しいしかけや展示、掲示

　学校図書館は、興味を引く場所でもありたいものです。ちょっとしたアイディアで、入館率がぐっとアップします。子どもになり切って、子どもの目線で、アイディアを考えてみましょう。

「今日は何の日」はカレンダーとともに、広い分野で紹介しましょう。

「昔の道具」の学習コーナー。黒電話のダイヤルに慣れていない子どもたちは、興味深々。ダイヤルを回したくて図書館にやってきます。

図書館でも漢字の学習ができます。木札に書かれた漢字。なんと読むのか気になります。

「木になる漢字」の読み方は裏を返すと正解が。図書館が楽しくなるコーナーです。

「早く本を決めましょう」と先生からいわれる前に、読みたい本がみつからずに迷っている子どもにはこのカプセルを。中には読んで欲しい本や人気の本の書名が書かれたカードが入っています。

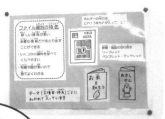

情報ファイルのコーナーに様々な資料を揃えておくことで学習の支援を行うことができます。どのような資料があるのかを知らせることも大事です。

新美南吉作『てぶくろをかいに』を紹介。手袋は支援級児童の作品。児童が手づくりの展示をすることは、作成した児童にも関心度をあげる効果があります。学校図書館を児童とともにつくりましょう。

学習に必要なグッズを常備しましょう。学習で使うカードや筆記用具などがいつでも使えると便利です。

教科書があると先生も学校司書も学習内容を確認することができます。図書館には全学年の教科書を置くようにしましょう。

7 学校図書館の活用を推進する支援体制

(1) 学校図書館の支援活動

　私は平成19年度から10年間、3つの自治体で学校図書館の支援活動を行ってきました。所属は各教育委員会。役職は、主任学校図書館指導員や学校図書館スーパーバイザー（SLS）でした。どんな支援をしてきたのか、具体的な活動をあげてみましょう。

- 全校に配置した学校司書の活動を円滑に遂行できるようにする。（詳細は※）
- 学校司書研修、教員研修、管理職研修などを企画、運営し、学校図書館の活性化を図る。（SLSが講演、講義、ワークショップなどを行う）
- 学校図書館を活用する時に使用するワークシートを作成する。
- 各校の蔵書構成や環境整備のアドバイスをする。
- 学校司書向けのハンドブックを作成する。
- ボランティアに図書館整備などに関するアドバイスする。
- 学校図書館を活用した指導案の提案をする。
- 学校図書館を活用したモデル授業（提案授業）を実施する。
- 図書の選定や廃棄について、アドバイスする。
- 学校図書館の定期訪問をする。（全校、年3回など）
- 学校図書館支援の要請に応じた訪問をする。
- 毎月、全校向けの学校図書館支援室だよりを発行する。
- 全校に向けて、各校の学校図書館を紹介する。
- 図書購入計画に関する情報を提供し、計画に関するアドバイスをする。
- 学校図書館に関する各計画書を提案し、各校の状況に応じて作成に関するアドバイスをする。

※例えば、学校司書への支援についての具体例をあげると、
＊学校司書：図書購入計画を立てたい。お薦めの図書を紹介して欲しい。
➡SLS：その学校の蔵書構成を確認しないと、簡単に紹介するのはむずかしい。どの類が少ないか、その学校に必要な図書が入っているかを確認し、不足している図書から購入するよう助言。参考までに具体的な書名も紹介した。

＊学校司書：9類中心の図書館のレイアウトを変えたい。その案を提示したいが、どのようにしたらよいか。
→ＳＬＳ：部屋の広さ、書架の数、大きさ等を現場で確認。その広さや大きさに合ったレイアウトを考え、縮小した図を数種類作成した。その図についての特徴とメリットやデメリットなど予想されるものを教員に知らせることができるよう、学校司書と一緒に考えた。

　学校現場では、図書館に関わることは何でも学校司書に任されることがあります。ただ、経験が全くない学校司書にとっては、重要な提案は負担になる場合もあります。そのような時にSLSのアドバイスがあると、司書が活動しやすいということで、学校関係者からは歓迎されています。

(2) 支援組織づくり

　私が支援に携わった荒川区では文部科学省の学校図書館推進事業（学校図書館支援センター事業）終了後、名称を「学校図書館支援室」（以下「支援室」）とし、教育委員会の指導室長、指導主事、学校図書館支援室長、主任　学校図書館指導員（後の学校図書館スーパーバイザー）で組織しました。そして、全校に配置した図書館指導員（後の学校司書）を総括しながら、学校図書館の支援にあたる機関としました。

荒川区学校図書館支援室の組織

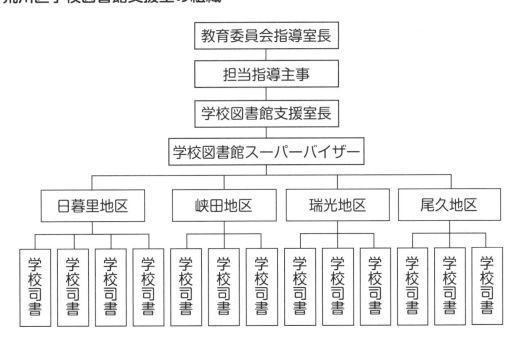

同じように関わった神奈川県大和市、東京都江戸川区では学校図書館支援センターや支援室という建物または組織は、2016年現在にはありませんでしたが、教育委員会の中に荒川区と同様の機能をもつ組織があります。

(3) 司書教諭や学校司書との協働

　学校図書館には通常、教員の担当者として、図書館主任や司書教諭、校内の図書館部員がいます。その図書館担当者には、学校図書館の計画書について、次のような計画を作成する必要があることを伝えています。

〈揃えたい学校図書館関係の計画書等〉
- 学校図書館全体計画・学校図書館年間活動計画・読書指導年間計画
- 図書館活用指導年間計画・情報・メディア活用指導年間計画
- 図書館担当者（スタッフ）の活動計画（役割分担を含む）
- 図書選定基準・図書廃棄規準

　このような計画書を作成したり、学校図書館を活用する授業が意識されたりすることで、荒川区では次のように様々な授業が図書館で展開されるようになりました。

〈低学年〉
- （国語）動物の手や足の特徴を調べ、絵や文にまとめる。
- （国語）車のつくりやはたらきを調べて、発表する。
- （生活）教室で飼っている生きものの餌やすみか、天敵などを調べ、発表する。
- （図工）絵手紙を書くために参考となる資料を探す。

〈中学年〉
- （国語）食べものの秘密を調べて報告文にまとめる。
- （国語）外国の文化を調べ、日本との違いをまとめ、伝え合う。
- （社会）ゴミの処理とリサイクルについて調べ、新聞にまとめる。
- （社会）昔の道具やくらしについて調べ、人々の生活について話し合う。
- （算数）「億」や「兆」などの整数がどのような場合に使われるかを調べ、クイズを作成する。
- （理科）人と動物の骨や筋肉なども違いを調べ、模造紙などにまとめる。
- （総合）学校で飼育している動物について調べ、生態や飼育方法を知る。

〈高学年〉
- （国語）方言について調べ、共通語との違いを知る。
- （国語）人間の体について調べるテーマを決め、調べたことを発表する。
- （社会）米づくりや自動車工業について調べ、まとめる。
- （社会）歴史についてテーマを決め、調べたことを新聞にまとめる。

- （算数）速さに関連するテーマについて、グループで発表する。
- （図工）名画を鑑賞し、自分の作品の参考にする。
- （総合）卒業生で作家の○○氏の作品を読み、その生涯や人柄を知る。

　こういった授業が増えたことで、学校司書が授業に関する資料の収集や準備をしたり、教員に適切な資料の提供をしたりするなど、学校司書の活躍の場が広がりました。また、教員にしても学校図書館を活用する授業方法がわかると、ますます図書館資料を活かした授業の構築を考えていきます。そうした結果が、児童の学力の向上につながるのです。

　司書教諭や図書館主任が中心となって、学校図書館の活用教育に関する計画を立案すると、それが全職員に共通理解されて、教育課程の中に組み込まれることになります。そうやって様々な学習が学校図書館でも行われるようになると、資料の収集や準備、レファレンスを行う学校司書の活動が定着します。このプラスのスパイラルが児童の学習の喜びにつながるのです。

　司書教諭はこういった授業を展開できるように教員を支援し、教員にアピールすることが重要です。「忙しいからできない」とか「活動することがわからない」などと思わずに、校務分掌のひとつとして自分の立ち位置を全うしましょう。全職員に「指導は教員がする」という共通理解を徹底してもらうように呼びかけ、教員が指導で困っている点を補ったり、アドバイスしてあげましょう。

　また、授業を担当する教員、管理職は司書教諭にまかせきりにせずに、学校図書館活用教育について正しく理解し、図書館資料を活用する幅広い教育の実践に心がけて欲しいと思います。

調べる学習こぼれ話 ⑤　　こだわりの強いEさん

　5年生のEさんの学習の進み具合を見ていると、こだわりの強い子ではないかと感じた。かなりむずかしそうな本を熱心に読んでいるのだが、一向にカードに記入する様子はない。「他の本を探してみたら？」「こっちの方がわかりやすいよ」と勧めてみても、自分が持っている本から離れない。「時間がなくなる」とハラハラするが……。結局Eさんは時間ぎりぎりになって雑な文字でカードに書いたが、作品は仕上げられなかった。

　Eさんのような場合、時間を気にすることができないのだと思う。ただ、時間内に仕上げる訓練をすることで、強いこだわりは少しずつ解消するのではないだろうか。仕上げられない失敗をしても、それをバネにするような子どもを育てたいものだ。

8 「調べる学習にチャレンジ」で広がる学校図書館の活用

(1) 調べる学習にチャレンジ

　東京都荒川区の学校図書館支援室では、調べる学習のきっかけづくりとして「調べる学習にチャレンジ」という講座を提案しました。これは、調べる学習の流れと授業で活用するカードを提案し、学習の展開に役立ててもらうための講座です（第2〜4章参照）。

　児童は、学年に応じた調べる学習に意欲的にチャレンジし、なかには普段見られない積極的な学習ぶりを発揮する児童もいました。また、「家でやってみたい」とか「もっとやらせて欲しい」といいだす児童も…。担任の先生からは、「このチャレンジを他の教科で実施した」とか、「全員が納得できるまで時間をとって学習成果を確かめた」という報告もありました。

　「調べる学習にチャレンジ」は、学校だけでなく、夏休み中に区立図書館でも実施しました。当初の予想を大幅に上回る参加希望者があり、急きょ講座の回数を増やして対応しました。この区立図書館での講座体験から、夏休み中に自主的な調べ学習に取り組んだ児童も多かったようです。

　この講座は荒川区だけでなく、様々な地域の学校や公共図書館などで実施しています。実施の詳細や「調べる学習にチャレンジ」のアンケート結果については、p.11を参照してください。

(2) 教師の反応、感想

　ある学校を訪れた時、20代の先生が、「私は以前に藤田先生の講座に参加したことがあります。それ以来、担任したクラスでは、その時のやり方をアレンジして年に何回も調べる学習を行っているんですよ。今年のクラスもよく調べる学習に取り組んでいるので、今日もたぶんしっかりとできると思います」とおっしゃいました。

　「それはありがたいです。でも今日は他のクラスへの授業もあるので、発展した取り組みではなく、初歩となる基本の学習しか用意してこなかったのですが……」と私が困惑していると、「ご用意している学習でいいですよ」と先生。何度も行っている児童に再度説明するのは無駄な授業ではないかと思いつつ行いました。

　ところが、このクラスの児童の食いつきがよいこと！　6年生という学年を考えると、「また、やらされる」といった「やらされ感」を感じる児童もいるかもしれないと危惧

していた私の不安は吹き飛びました。それぞれの児童が本当に食い入るように学習する姿に感動しました。

ここで思ったことは、児童にとって調べる学習とは「一度やったからもうやりたくない」という学習ではなく、「また新たなことを調べられる」「今度はどんなことがわかるだろうか」といった期待があるのではないかということです。あきてしまったり、やりたくない学習には、児童たちはそういう雰囲気になって、素直に自分を表現します。でも、何回も調べる学習に取り組んでいるこのクラスからは、学習を拒否する気配は全くなく、全員が夢中になって学習していたのです。

しかし、こういう授業を継続してくれる先生は、ほんの一握りではないかと推察しています。というのは、以前にある中学校の1年生の授業のお手伝いに行った時に、調べる学習に取り組むよう促しましたが、なかなか学習しないのです。「ここは、この本で調べられると思うけど……」などとかなり具体的なアドバイスをしても「あ、そうですね！　わかりました。ありがとうございます」と、とても嬉しい返事は返ってくるものの、しばらくして見に行くと何も進んでいない。この生徒は返事とは裏腹に、「学習しない」「やりたくない」のだなと思いました。

その後、ある高校の先生からは「中学校で本をあまり読まない生徒は、高校でも読まないです。そもそも本を提示しても、小さい頃から本を読むとか本を開くといった体験の少ない生徒は、本を開くことすら拒否します」という話を聞いて、あの時の中学1年生が調べる学習をやらない理由がわかったような気がしました。また、「調べる学習は時間がかかるから、省略する」「児童がなかなか取り組めないから、調べる学習は無理」といった先生の本音もよく聞きます。でも、上記のような中学生の現状を見ると、それでよいのだろうかと強い懸念を感じます。

「小学校1年生だからねぇ、調べる学習は無理です」といわれる1年担任の先生もいらっしゃいましたが、私は1年生だからこそ取り組んで欲しいと思っています。実際に、いろいろな学校の小学1年生に「しらべるがくしゅうにチャレンジ！」と促して取り組んでもらっていますが、どの子も一生懸命自分の課題（テーマ）についての資料を読み、何かしらの答え（解決）を見い出そうとします。「人間は本来、知ろうとする意欲を持っていて、特に低学年はその意欲や関心が高い学年だ」と私は思います。小さい頃の知的好奇心を満足させる学校図書館は、授業で活用する絶好の場ではないでしょうか。

第4章で書いた高学年向けの調べる学習を体験した先生方からは、たくさんの感想を書いていただいていますが、その一例としてK校で実践した時の先生方の感想の一部を紹介します。

> 〈調べる学習チャレンジ研修　教員の感想〉
> ～K小学校での研修会の感想から一部抜粋～
>
> - 「太陽チャート」は発想が広がらない子どもにも、とても助けになると感じた。
> - テーマの絞り方や疑問のもちかたなど、とても参考になった。
> - 楽しくでき、調べる過程が大事だと思った。
> - 普段からいろいろなことに興味をもち、疑問をもつことが大切だと改めて感じた。
> - 調べたいことが必ずしもみつからないことがあると割り切ることも大切だと思った。
> - 学習が楽しかった。カードをそのまま使えるのは子どもには有効だと思う。
> - 「そのままカード」に書くことで、「まとめカード」も書きやすくなり、自然に感想が書けた。
> - 「必ず仕上げる」という条件があることで、集中して作業をすることができた。
> - 低学年でもできることに驚いた。
> - 調べ学習は時間がかかって取り組みにくいというイメージがあったが、今日のようなやり方だったら簡単にできると思った。実際にやってみるととても楽しく取り組めた。
> - この図書館を活用した活動は、主体的に学び、自らの力で未来を切り拓こうという子どもたちを育てていくことにつながると思う。
> - 今まで以上に図書館を活用した授業を行っていこうと思う。

(3) 図書館を活用した授業の広がり

①私の教員時代の取り組み

　学校図書館は現在、どの程度活用されているかご存知でしょうか？　学校司書を通して活用状況を調べ、統計などを出している学校もあると思いますが、調査した数値を学校全体で把握されていますか？

　数値も調査も人任せにしてしまっているのでは、何の効果も期待できないと思ってください。例えば、家の家計について、あなた以外の人が全てを握っていたとします。あなたはご自分のお金についてはご存知だし管理もしているでしょうが、万一家のお金が紛失したり（多額ではなく）、急に収入が減ったりしていても気づかない可能性は高いのではないでしょうか？　逆にあなたが家の家計を全て握っていたら、当然細かな変化にも気づくことでしょう。まず教員が学校図書館の活用の状況について関心をもつことが第一だと思います。

　つまり、人任せではなく自分が管理する気持ちでいないと意味はないのです。でも、教員の忙しさは半端ではありません。その中で、あれもこれも管理することはむずかしいでしょう。そこで、調査した結果などは必ずデータ化し、何年か保存したり記録に残

したりして、それを考察するようにしてみましょう。調査は学校司書に任せたとしても、担当の教員でその結果や考察をすることが大切です。それを職員会議などで報告すれば、全教員に共通理解を図ることができます。

その一例として、私が教員の時に先生方に協力していただいた資料が残っていましたので、参考までに記載します。学校司書の存在もありましたが、就労時間も短いので、こういった調査は全て私がまとめていました。そのことで、図書館活用の状況を知ることができ、先生方へのアプローチもできたと思います。まずは、実情を「自分が知る」ことだと思います。

〈ある年の図書館だより、教員向け図書館だよりの一部〉

本校児童が1学期にどれくらい本を借りたかを調べました。2年生以上は4月から7月までの4ヶ月間、1年生は5月からの3ヶ月間です。人数は貸出カードの数です。不明のクラスは貸出カードが図書館にありませんでした。

1-1～321冊（31人）	1-2～184冊（30人）	1-3～213冊（31人）
2-1～128冊（29人）	2-2～248冊（34人）	2-3～278冊（32人）
3-1～105冊（29人）	3-2～109冊（27人）	3-3～127冊（31人）
4-1～157冊（32人）	4-2～269冊（37人）	4-3～ 59冊（24人）
5-1～136冊（23人）	5-2～222冊（32人）	5-3～289冊（30人）
6-1～ 60冊（15人）	5-2～不明	6-3～108冊（26人）

表の数字は貸出カードだけの数字です。朝の読書や家で読んだ本はカウントされていません。昨年度の全国の調査では、小学生の平均読書量は1ヶ月で平均9冊となっています。

30人のクラスで300冊借りたとしても、1人当たり10冊。それを4ヶ月で割ると、1ヶ月は2.5冊です。本校では全国と比較すると、明らかに読書量は少ないのではないでしょうか？ 先生方のアンケートでは、本校の児童は他校の児童に比べて「まあまあ本を読む」が29％、「普通」が58％、「読まない」はたった1人でした。

上記のように、教員向けの報告には現状をきちんと伝え、そのデータを説明すると、先生方は児童に対しての認識のズレを実感し、図書館活用に関心をもっていただくことができたように思います。理想とはほど遠い勤務校の実態ですが、自分が調べて発信したことで、子どもにどう関わればよいか、先生方に何を伝えるべきかを模索し、実践していたように思います。

②学校図書館支援活動での取り組み

荒川区の取り組みから変化のデータを見ると、次のような結果（表1）が見えてきました。

表1●学校図書館活用状況

		年間貸出冊数 1人平均	年間入館回数 1人平均	授業での図書館活用数1学級平均
小学校	1年目	47.2冊	36.7回	29.7回
	2年目	52.3冊	33.3回	37.7回
	3年目	58.0冊	32.4回	41.2回
中学校	1年目	7.9冊	24.6回	9.5回
	2年目	12.6冊	31.6回	8.9回
	3年目	10.6冊	23.8回	11.2回

　この（表1）の貸出数について、以前の調査では児童1人当たりの平均貸出数が29.1冊だったのに、1年目には47.2冊という大幅な増加となったのは、学校司書全校配置による影響が大きいと思われます。中学校ではその違いが顕著で、以前は生徒1人の平均貸出数はわずか1.8冊でしたが、2年目には12.6冊となっています。その変化には、常に図書館には人がいること、学校司書によるレファレンスの効果もあったからだと思われます。さらに小学校で培われた読書習慣が、中学生になってもつながっていることがうかがえます。

　入館者数のカウント方法は、カード式、ノート式などと各校で異なっていますが、授業を除いた時間、主に休み時間の入館者数をカウントしました。中学校では、生徒1人の入館数は小学校との間に大差がないことから、児童生徒の図書館通いが習慣化しつつあることがみえてきます。授業で図書館を活用する数も増えてきています。小学校では1年目、1学級が図書館を利用する平均回数は年間29.7回でしたが、2年目では37.7回、3年目は41.2回に増えています。

　神奈川県大和市では2年間にわたる校内研修会、提案授業の実施状況調査をしました。その結果は下記のとおり（表2）です。

表2●※調査項目の数値は該当校3～5校の平均

調査項目該当校	貸出冊数（1人年間）	入館回数（1人年間）	活用回数（1学級年間）	読書活用
校内研修会を3回以上実施	23.6冊	32.7回	17.9回	65.6%
提案授業を5回以上実施	23.6冊	21.3回	17.1回	61.2%
校内研修会実施なし	24.6冊	23.8回	20.5回	75.2%
提案授業実施なし	16.3冊	21.0回	14.1回	74.7%

この（表2）の結果からわかったことは、校内研修や授業提案を実施した学校では、図書館を活用する内容が変わってきたことです。それまでは読書のために活用することがほとんどでしたが、研修や授業のやり方をアドバイスすることで、調べる学習や図書館の学習資料を活用した授業が展開されるようになりました。つまり9類（文学／絵本）だけでなく、幅広い本が活用されるようになり、学習センター、情報センターの機能が意識されてきたといえます。

表3●

児童数　人	学級数クラス	蔵書率%	貸出冊数1人年間：冊	入館回数1人年間：回	図書館の場所
A 532	21	102	5.9	27.5	3階端
B 521	21	100	22.6	30.7	4階端

（表3）は、A校とB校を比較した表です。両校とも学校規模は似ていますし、図書館の場所もそう恵まれているとはいい難い場所にあります。ところが、貸出冊数を見ると大きな違いがあります。果たしてこの違いはどういう理由からなのでしょうか？

表4●

	貸出冊数1人年間：冊	入館回数1人年間：回	図書館活用数1学級年間：回
A	5.9	27.5	13.4
B	22.6	30.7	21.5

（表4）からは、B校はA校に比べ、圧倒的に図書館を活用する学級が多いことがわかります。B校は読書だけでなく、様々な学習で図書館の活用が盛んなため、児童が本に触れる機会が多いのです。そのことで本を借りる契機が多くなったと考えられます。

このように学校図書館支援活動からみえてきたこととして、学校図書館を活性化するカギは、図書館で授業することだと思います。そのことを教員が理解し、図書館活用を心がけることで、図書館活用教育は大きく躍進することを私は確信しています。図書館を活用したり、図書館資料を使いこなしたりすることができると、どんな情報も自分のものとして活用する基礎ができます。これが重要なことです。小学校ではまず、「本を読んで理解する」という基本的な訓練を十分行うことです。それができれば、どんな情報にもアタックできます。そして、その情報が自分にとって適したものなのか、自分の課題に応えるものなのかを判断する訓練ができてくるのです。

しかし、本の内容もあまり理解できず、画像の多さや便利さでネット情報ばかりに頼

ることは、結局よくわからないことが多いままの学習になり、学力も上がらないという結果となります。重ねていいますが、小学校で大事なことは、情報をしっかりかみ砕いて理解する力をつけることだと思います。安易な学習ではそういう力はつきません。教員は一人ひとりの学習をしっかり見て、何が理解できていないか、何を補えばよいか、何を指導すべきかなど、日々研究することを求められます。大変ですが、それが児童一人ひとりの力になることでしょう。そう考えると、図書館活用教育は侮れないことを理解していただけるのではないでしょうか。

③「調べる学習にチャレンジ」と図書館活用教育

　荒川区の次に支援活動を行った大和市でも、図書館の活用時数や読書量が増加しました。なにより、図書館活用支援活動が、先生の指導方法に少しでも影響を与えることができたのではないかと思える報告を受けたことは、とても嬉しいことです。
　「調べる学習にチャレンジ」を一緒に実践してくださった先生の他の教科で取り組んでいただいた報告を紹介します。

（ア）伝記の学習に応用した例
　　　（東京都江戸川区立篠崎第三小学校　郡敦子先生の報告より）
　６年生では「世界の偉人を紹介しよう」という学習で様々な伝記を読んだ後、紹介したい人物を決め、その人物について調べて発表する学習が行いました。その第１時は次のように指導しました。

学習の展開
- この学習は、調べたい人物に対する疑問を「太陽チャート」に書き出すことが目的であることを知らせる。
- 教師が選んだ人物に対する疑問を、全員で考える。（疑問の出し方を確認する）
- 「太陽チャート」に疑問を書き出す。この時、生き方や業績に関わるようにさせる。
- グループ内でインタビューをさせる。インタビューの内容は、「調べている人物は誰か」「どんなことを知りたいと思うか」の２点。それを聞いた相手に、「もっと調べたらよいと思うことはないか」と逆に質問させる。
- 「太陽チャート」を見直し、さらに調べたいことをつけ足す。
- 「太陽チャート」に書いた疑問のひとつを発表する。

　この学習を通して、調べたいことをはっきりさせたこと、調べたいことが広がったことにより次時への学習意欲を増すことができました。

（イ）社会科の学習に応用した例
　　（神奈川県川崎市立宮崎台小学校　福田有宇先生の報告より）

　6年生社会科「私たちの暮らしをささえる政治」で、国会、内閣、国会議事堂について調べる学習を展開しました。国会議事堂見学前の事前学習です。2時限（90分）の学習は次のようにしました。

学習の展開
- 国会、内閣、国会議事堂から自分が調べたいテーマを決める。
- 「太陽チャート」に調べたいことを書く。
- 知りたいことについて、様々な図書館資料を使って調べる。
- わかったことを「そのままカード」に書く。
- 「そのままカード」をみながらノートにまとめ（要約文）を書く。
- 感想をノートに書く。
- 1枚の画用紙にタイトルを書いてまとめる。

　カードとノートを併用しての学習でしたが、テーマが違っている同様の学習を3回くり返したことで、児童の混乱はありませんでした。この学習の前に、カードを使って「引用」と「要約」の違いを学習しているので、きちんと分けた学習がされていました。整理・分析・要約の力がついてきたことを実感しました。

児童の作品から　一部抜粋
テーマ「国会議事堂のひみつを知ろう！」
- 国会議事堂はいつ開設した？
　➡昭和11（1936）年11月に完成し、開設しました。
- 国会議事堂は何でできている？
　➡鉄筋コンクリートでできていて、外部は花こう石張りになっています。

テーマ「国会議事堂は？？年かけて完成した！」
- 国会議事堂の大きさは？
　→構内の面積で103.001平方メートル。建物の面積は13.356平方メートル。
- 工事に従事した人数は？
　→のべ257万人が工事に従事しました。

感想・・国会議事堂は5年か10年くらいの年月でできるんだと思っていましたが、17年もかけてつくったのがすごいと思いました。

(4) 1～4年生向
「調べる学習にチャレンジ」でよく使われる本のリスト

※順不同です。この他にも活用される本は多数あります。

書名またはシリーズ名	出版社	備考
小学館こども大百科	小学館	
フレーベル館の図鑑ナチュラ　第1期、第2期	フレーベル館	全12巻
くらべてみよう！どうぶつの赤ちゃん	ポプラ社	全10巻
朝日ジュニア学習年鑑	朝日新聞出版	
21世紀こども百科　恐竜館、歴史館	小学館	各1冊
21世紀こども百科　もののはじまり館、食べもの館	小学館	各1冊
小学館の図鑑ＮＥＯ　乗りもの、花、野菜と果物	小学館	各1冊
調べる学習　子ども年鑑	岩崎書店	
学研の図鑑ＬＩＶＥ　第1期　第2期	学研プラス	全8巻
講談社の動く図鑑ＭＯＶＥ	講談社	既13巻
小学館の図鑑ＮＥＯ	小学館	既20巻
ＮＥＷマーク・記号の大百科	学研プラス	全6巻
ニューワイド学研の図鑑　新Ａ、新Ｂ、Ｅセット	学研プラス	全14巻
総合百科事典ポプラディア　新訂版	ポプラ社	全12巻
ポプラディア大図鑑　ＷＯＮＤＡ　第1期　第2期	ポプラ社	全16巻
妖怪大図鑑	金の星社	
おもしろ妖怪学100夜	子どもの未来社	
よくわかる！記号の図鑑	あかね書房	全5巻
子どものための点字事典・手話事典	汐文社	各1冊
くらべる図鑑、もっとくらべる図鑑	小学館	各1冊
１年まるごと　きょうはなんの日？	文研出版	全5巻
おはなしぎょうじのえほん（春・夏・秋・冬）	子どもの未来社	全4巻
かんさつ名人になろう！	ポプラ社	全7巻
コツがまるわかり！生き物の飼いかた	ポプラ社	全8巻
どうぶつのからだ	偕成社	全6巻
国際理解に役立つ　世界のお金図鑑	汐文社	全3巻
まるごとわかる「モノ」のはじまり百科	日本図書センター	全5巻
ぐんぐんうまくなるスポーツシリーズ	ベースボールマガジン社	既19巻
楽しい調べ学習　ひみつ大研究	ＰＨＰ研究所	既2巻
科学のふしぎ	ひかりのくに	
一生の図鑑、いちばん！の図鑑	学研教育出版	各1冊
なぜ？の図鑑　動物、恐竜、昆虫、植物、魚	学研プラス	各1冊
ふしぎの図鑑	小学館	

参考資料

(1)「調べる学習にチャレンジ」、授業での実施校

① 東京都 荒川区	第六日暮里小、第一日暮里小、第三日暮里小、汐入東小、第三峡田小、第二峡田小、尾久第六小、宮前小、第七峡田小、第九峡田小、ひぐらし小、第四峡田小、峡田小、汐入小、第二日暮里小、尾久小、瑞光小、原中、第五峡田小、尾久西小、赤土小
② 神奈川県 大和市	福田小、下福田小、林間小、文ヶ岡小、中央林間小、深見小、大和東小、上和田小、大和小、引地台小、柳橋小、緑野小、南林間中
③ 東京都 江戸川区	小松川小、清新第二中、西小岩小、東葛西小、平井東小、小松川第二小、小岩小、南葛西第二小、篠崎第二小、松本小、江戸川小、下小岩小
④ その他の地域	• 東京都…渋谷区立長谷戸小、渋谷区立猿楽小、豊島区立朋有小、豊島区立南池袋小、墨田区立横川小、世田谷区立玉堤小、文京区立湯島小、東久留米市立第三小 • 神奈川県…横浜市立金利谷小、川崎市立宮崎台小 • 群馬県…藤岡市立東中 • 栃木県…大田原市立奥沢小 • 福島県…大熊町立大熊小、相馬市立大野小 • 長野県…上田市立丸子北小 • 滋賀県…東近江市立蒲生北小 • 高知県…高知市立城東中 • 香川県…宇多津町立宇多津中

(2)「親子 調べる学習にチャレンジ」「調べる学習にチャレンジ」実施場所

東京都	豊島区立中央図書館、江戸川区立葛西図書館、江戸川区立小松川図書館、江戸川区立東部図書館、江戸川区立東葛西図書館、港区立赤坂図書館、荒川区立南千住図書館、荒川区立汐入東小学校、荒川区立第三日暮里小学校、荒川区立尾久図書館、板橋区立板橋第五小学校、板橋区立赤塚図書館、葛飾区立中央図書館
神奈川県	座間市立図書館、海老名市立図書館、大和市立図書館、小田原市立かもめ図書館
岩手県	紫波町図書館
福島県	大熊町図書館
愛知県	武豊町立図書館
香川県	ライブラリーうたづ

（3）校内教員向け研修
「調べる学習　基本のスキル（調べる学習にチャレンジ)」

●実施した小学校

東京都	渋谷区立長谷戸小学校、豊島区立朋有小学校、荒川区立大門小学校、荒川区立第四峡田小学校、荒川区立原中学校、荒川区立第三瑞光小学校、荒川区立第一日暮里小学校、荒川区立峡田小学校、江戸川区立小松川小学校、江戸川区立下小岩小学校、江戸川区立第二葛西小学校、江戸川区立第五葛西小学校
神奈川県	大和市立福田小学校、大和市立林間小学校、大和市立文ヶ岡小学校、大和市立引地台小学校、大和市立柳橋小学校、大和市立上和田小学校、横須賀市立長浦小学校、横浜市立釜利谷小学校、横浜市立大道小学校、厚木市立依知南小学校
福島県	相馬市立大野小学校
長野県	上田市立丸子北小学校

（4）教員向け研修
「調べる学習　基本のスキル（調べる学習にチャレンジ)」

●実施した自治体

東京都	東京都、荒川区、江戸川区、豊島区、渋谷区、台東区、練馬区、足立区、東久留米市
宮城県	富谷市
福島県	大熊町
神奈川県	横須賀市、大和市、厚木市
群馬県	藤岡市、高崎市
栃木県	大田原市、小山市
長野県	長野県、塩尻市、茅野市
愛知県	西尾市、豊田市
三重県	鈴鹿市
兵庫県	三木市
和歌山県	有田市
高知県	高知県、高知市
広島県	東広島市
島根県	安来市
福岡県	みやま市、宗像市
長崎県	長崎県

参考文献

- 『学校図書館のための図書の分類法』芦谷清／著　全国学校図書館協議会（2004年）
- 『学習に活かす情報ファイルの組織化』藤田利江／著　全国学校図書館協議会（2004年）
- 『授業にいかす情報ファイル』（はじめよう学校図書館６）藤田利江／著　全国学校図書館協議会（2011年）
- 『学校図書館　学びかた指導のワークシート』大岩由美子・徳田悦子・小谷野弘子・中山真佐江・村山正子・藤田利江／著　全国学校図書館協議会（2007年）
- 『中学生・高校生のための探究学習スキルワーク』桑田てるみ／編　学校図書館協議会（2012年）
- 『すぐ実践できる情報スキル50』塩谷京子／編著　ミネルヴァ書房（2016年）
- 『21世紀こども百科　第２版』小学館（2000年）
- 『こども大百科　キッズペディア』小学館（2011年）
- 『ペンギン大図鑑～知られざる「人鳥」のヒミツ～』中村庸夫／監修　PHP研究所（2008年）
- 『ウメ・モモ・サクラ―どこがちがうか、わかる？』赤木かん子／作　新樹社（2016年）
- 『朝日ジュニア学習年鑑2016』朝日新聞出版（2016年）
- 『総合百科事典　ポプラディア　新訂版』ポプラ社（2011年）
- 『「調べる学習チャレンジ講座」324回の記録～短時間で習得する探究型学習の進め方～』藤田利江／著（公益財団法人図書館振興財団主催　2015年　第19回図書館を使った調べる学習コンクール　調べる学習指導・支援部門　優秀賞・日本図書館協会賞受賞作品）

おわりに

　学校図書館は「学習の場」であると思っていた私ですが、現状では図書館（「図書室」と呼ばれている）は「読書の場」としか認識されていないと気づいたのは、全国各地の学校図書館にうかがい、学校司書や教員の話を聞いたりしてからでした。学校図書館の支援に関わる活動を始めて10年。この間、3つの自治体の教育委員会に所属し、図書館活用教育に関われたことは、私にとって大きな収穫でした。そして、同時に学校図書館を学習の場として提唱したいという思いが膨らみました。

　そして「調べる学習にチャレンジ」「親子で調べる学習体験講座」といった学習を提案し、多くの子どもたちと接しながら「調べる」という行為が伴う学習の面白さ、楽しさを私自身が感じるようになり、ぜひともこの学習を図書館から広げたいと思うようになりました。「この学習を本にして欲しい」「CD-ROMが欲しい」という先生方の声に押されて出版することを考えるようになり、子どもの未来社の奥川隆氏に相談したところ、出版を企画していただくことができ、とてもありがたく思いました。編集の粕谷亮美さん、デザイナーのシマダチカコさん、イラストレーターの鳥取秀子さんには大変お世話になりました。私の原稿をより速くわかりやすくしてくださる粕谷さんの編集力には驚きました。また、シマダさんには見やすいレイアウトを考えていただき、鳥取さんには注文通りのイラストを描いていただきました。本当にありがとうございました。

　ここで、重要なことを2つお知らせします。
　まず1つ目は、調べる時に使用するカードはカラーにし、色を変えます。この方がカードの違いがわかり、次の学習からは「引用」「要約」「感想」の違いをはっきりさせることができます。各

学年、共通の色で統一すると、学年が変わっても児童はまごつきません。

　2つ目は、本書に掲載している学習指導案（活動案）では、「司書教諭の支援」という欄を設けました。しかし、司書教諭は授業に関わる時間がないというのが現状です。そこで、その指導は授業者（担任）が行ってください。担任が1人でも十分指導できる内容となっています。ただ、司書教諭は授業の事前の相談や準備など、関われることはいくらでもあります。授業案を参考に、できるだけ授業の構築に貢献してください。その姿勢が図書館活用教育を推進させます。

　先日、江戸川区の小学校に行ったとき、2年生担任からこんなお話を伺いました。「藤田先生に調べる学習をご一緒にやっていただいてから、違うテーマで3回実施しました。児童はすっかり慣れて、調べることが早くなりました。でもよく見ると、書いていることがマンネリ化して同じパターンになりがちなので、その都度書くことの課題を出したり、書く内容を指導したりしています」。

　そうなのです！　「調べる学習にチャレンジ」は調べる学習のほんの入り口です。入ったら何を探すか、何をつかんでくるかを考えるのは、児童であり教師です。様々な探し方やつかんでくるものがあって欲しい。日々、その研究をして欲しい。この本を通して、そういう活動をしていただく先生や子どもたちを1人でも多く育てるお手伝いができたら、私はこの上ない幸せだと思っています。

藤田利江

執筆にあたり、以下の方々に画像や実践の掲載をご協力いただきました。
この場を借りてお礼申し上げます。

【協力者一覧】
神奈川県大和市立上和田小学校
神奈川県大和市立緑野小学校
東京都江戸川区立小松川第二小学校
東京都江戸川区立下小岩小学校
東京都江戸川区立篠崎第三小学校
神奈川県川崎市立宮崎台小学校
神奈川県座間市立図書館
東京都荒川区教育委員会
東京都江戸川区教育委員会
神奈川県大和市教育委員会
公益財団法人図書館振興財団

CD-ROM（付録）の内容

※データはタイトル頭にある英数字にて表記されています。CD-ROM 使用上の注意点については、p.6 をご参照ください。また、PowerPoint については、Microsoft のサイト（https://www.microsoft.com）にてご確認ください。

A 調べる学習指導資料　（Microsoft PowerPoint 2007 拡張子「.ppt」）（PDF）

- **01 低学年（1年生）用調べる学習指導資料** p.24
  内容：はてなをさがそう／はてなの例／調べる方法／「しらべる学習カード」・「そのままカード」・「おもったカード」の使い方／画用紙にまとめる方法／はてなが見つからない場合のヒント　など

- **02 低学年（2年生）用調べる学習指導資料**
  内容：上記1年生を2年生も使える漢字に変更したもの

- **03 中学年用調べる学習指導資料** p.40
  内容：調べる学習の進め方／不思議を発見する（太陽チャート）／解決方法を考える／「そのままカード」の使い方／テーマを決める／「感そう（思ったこと）カード」の使い方／画用紙にまとめる方法／知りたいことが見つからないときのヒント　など

- **04 高学年用調べる学習指導資料** p.56
  内容：調べる学習の進め方／不思議を発見する（太陽チャート）／解決方法を考える／「そのままカード」の使い方／テーマを決める／「まとめカード」の使い方／インタビューの方法／「感想カード」の使い方／画用紙にまとめる方法　など

B ワークシート（PDF）A4判

- 01 低学年　しらべる学習カード p.19
- 02 低学年　そのままカード※ p.20
- 03 低学年　おもったカード※ p.21
- 04 中学年　そのままカード※ p.36
- 05 中学年　感そう（思ったこと）カード※ p.37
- 06 高学年　そのままカード※ p.51
- 07 高学年　まとめカード※ p.52
- 08 高学年　感想カード※ p.53
- 09 本をさがそう　p.66
- 10 本さがしのプロになろう　p.68
- 11 しりたいことをかんがえよう　p.71
- 12 たいようチャートに知りたいことを書こう（低学年）p.72-73
- 13 太陽チャート（低学年）
- 14 太陽チャート（中・高学年）
- 15 ベン図 p.77
- 16 しらべたことをまとめよう p.80
- 17 百科事典を使おう p.82
- 18 年鑑を使おう p.88
- 19 表にまとめよう（マトリックス）p.91
- 20 情報リストをつくろう p.94

※印刷する色

黄緑色の用紙
「そのままカード」（全学年）

水色の用紙
「まとめカード」（高学年）

黄色の用紙
「おもったカード」（低学年）
「感そうカード」（中学年）
「感想カード」（高学年）

【プロフィール】

藤田　利江（ふじた　としえ）

全国SLA学校図書館スーパーバイザー。元・小学校教諭（神奈川県厚木市）。平成15年からは司書教諭を兼任。平成19年度から荒川区教育委員会学校図書館支援室に、平成25年から神奈川県大和市教育委員会学校図書館支援チームに関わる。平成28年度は江戸川区教育委員会に勤務。平成15年度6年生を担任しながら、司書教諭の授業として137時間を展開。その活動記録で学校図書館賞奨励賞を受賞。平成27年度「図書館を使った調べる学習コンクール、調べる学習指導・支援部門」で優秀賞を受賞。
主な著書に、『司書教諭1年目の活動記録』『授業にいかす情報ファイル』（全国学校図書館協議会）、編著に『学校図書館の力を活かす』『学びを拓く授業モデル』『楽しい調べ学習』（国土社）ほか。

編集●粕谷亮美（SANTA POST）
本文イラスト●鳥取秀子
本文デザイン／DTP●シマダチカコ

調べる力がぐんぐん身につく
藤田式「調べる学習」指導法　小学校編　CD-ROM付

2017年7月28日　第1刷印刷
2017年7月28日　第1刷発行

著　者●藤田利江
発行者●奥川　隆
発行所●子どもの未来社
　　　　〒113-0033
　　　　東京都文京区本郷3-26-1 本郷宮田ビル4F
　　　　TEL：03-3830-0027　FAX：03-3830-0028
　　　　振替　00150-1-553485
　　　　E-mail：co-mirai@f8.dion.ne.jp
　　　　HP：http://comirai.shop12.makeshop.jp/
印刷・製本●株式会社シナノ印刷

©Toshie Fujita 2017　Printed in Japan
ISBN 978-4-86412-122-4　C0037

■定価はカバーに表示してあります。落丁・乱丁の際は送料弊社負担でお取り替えいたします。
■本書の全部、または一部の無断での複写（コピー）・複製・転載、および磁気または光記録媒体への入力等を禁じます。複写等を希望される場合は、小社著作権管理部にご連絡ください。

【館外貸出可能】
※本書に付属のCD-ROMは、図書館およびそれに準ずる施設において館外へ貸し出しを行うことができます。